高校创新创业教育研究与实践应用

王东雨　著

延边大学出版社

图书在版编目（CIP）数据

高校创新创业教育研究与实践应用 / 王东雨著. --
延吉 ：延边大学出版社，2022.3
ISBN 978-7-230-02833-2

Ⅰ. ①高… Ⅱ. ①王… Ⅲ. ①高等学校－创造教育－
研究－中国 Ⅳ. ①G640

中国版本图书馆 CIP 数据核字(2022)第 036175 号

高校创新创业教育研究与实践应用

著　　者：王东雨
责任编辑：刘　浩
封面设计：品集图文
出版发行：延边大学出版社
社　　址：吉林省延吉市公园路 977 号　　　　邮　　编：133002
网　　址：http://www.ydcbs.com
E-mail：ydcbs@ydcbs.com
电　　话：0433-2732435　　　　　　　　传　　真：0433-2732434
发行电话：0433-2733056　　　　　　　　传　　真：0433-2732442
印　　刷：北京宝莲鸿图科技有限公司
开　　本：787 mm×1092 mm　1/16
印　　张：9.25　　　　　　　　　　　　字　　数：205 千字
版　　次：2022 年 3 月　第 1 版
印　　次：2023 年 10 月　第 1 次印刷
ISBN 978-7-230-02833-2

定　　价：68.00 元

前　言

创新创业是国家发展之根，是民族振兴之魂。大学生就业创业服务事关经济发展和民生改善大局，关乎社会稳定，因此，党中央、国务院高度重视，先后出台文件强调加强创新创业工作的重要性。为全面贯彻落实党中央、国务院相关文件精神和要求，各地各高校积极行动，从健全就业创业工作机构、建立创新创业教育课程体系、创新人才培养机制、配备指导教师、开辟专用场地、加大经费投入、改进创业指导服务等方面促进大学生创新创业，努力做到"机构、人员、场地、经费"四到位，以推动大众创业、万众创新持续蓬勃发展。

为培养青年学生的创新创业能力，统筹做好高校创新创业教育，教育部颁布了"教学（2015）12号文件"，要求各地各高校都要把提高教育质量作为创新创业教育改革的出发点和落脚点，根据人才培养定位和创新创业教育目标要求，促进专业教育与创新创业教育有机融合。并要求从2016年起所有高校都要设置创新创业教育课程，对全体学生开发开设创新创业教育必修课和选修课，纳入学分管理。为贯彻文件精神，高校积极探索"双创"教育与职业教育融为一体的教育模式，设置了创新创业课程，培养学生创新创业能力，力求为各行各业输送更多的创新创业型人才。

高校创新创业教育涵盖不同层次体系，包括诸多构成要素，贯穿多个实施环节。基于高校创新创业教育时间过程维度构建范式，范式涵盖初始阶段、实施阶段及终结阶段。初始阶段，主要明晰创新创业教育背景和基础条件，基于此构建高校创新创业教育的任务、目标。这一环节主要基于社会需求、学校基础、学生实际，主要是分析和对接时代需求，分析学校发展定位及基础条件，分析学生发展基础和发展需求，构建高校创新创业教育目标、任务。

实施阶段，根据学校创新创业教育任务、目标，构建创新创业教育政策、制度、环境，配置创新创业教育资源、建设支撑条件、实施教育教学等。根据学校定位及学生实际，制定人才培养方案及相关支持体系，包括学分认定办法、创新创业各类管理办法等。配置资源、建设支撑条件，按照设定的培养目标，配备能支持的师资、建设课程、建设教学实施设备。这些建设包括聘请"双师素质"教师、开发创新创业学科专业课程、创新创业实战课程、建设校内外创新创业实践教学基地等。

终结阶段，主要是对学校开展的创新创业教育进行评估、反馈、提炼，分析前一轮工作效果，为下一轮工作开展提供依据。对创新创业教育的实施情况进行总体评估和检测，分析成效与不足，推进高校创新创业教育持续改进。通过对前一轮实施效果的分析，进行学术化、理论化提炼，提升实施经验，形成创新创业教育理论。通过相互交流、推广和研究，实现高校创新创业教育的良性循环。

创新创业浪潮正席卷着当代中国。创新创业不仅是实现个人财富的一种重要手段，而且也是个人挑战自我、实现自我人生价值的一个重要载体。当代大学生肩负着高举创新创业大旗的使命，近年来，随着高等院校人才培养模式改革的推进，许多院校围绕着创新创业教育进行了许多改革尝试，提出了案例教学、创新创业训练等教学方法与模式。为了更好地服务于高校针对大学生的创新创业教育课程的开展，我们组织编写了本书。

本书吸收了近年来高等院校开展创新创业教育的经验，将大学生创新创业的最新实践、政策与案例引入其中。教材编写过程中遵循"理论阐述必需和够用，内容组织新颖和鲜活"的原则，着眼于培养大学生的创新精神和创业意识，使其树立正确的创新创业观念，为毕业后开创人生事业打下坚实的基础。

由于编者水平有限，书中存在的疏漏或不妥之处在所难免，敬请广大师生及读者批评指正。

目　　录

第一章　高校创新创业教育的理论研究

第一节　高校创新创业教育概述

随着我国创新驱动发展战略的不断深化，创新型人才的需求迅速增大，大学生作为创新创业生力军，如何培养其科技创新能力至关重要。由于我国的教育模式相对传统和固化，大学生科技创新能力培养面临诸多问题，如大学生科技创新意识薄弱、创新成果缺乏研究价值和可行性、指导教师积极性不高、高校缺乏相关硬件支持等。

随着我国经济的不断发展和供给侧结构性改革的不断推进，社会对于创新型人才的需求迅速增大，"大众创业、万众创新"已经成为时代潮流，国家自上而下，多举措、全方位为创新创业者提供支持。大学生作为创新创业的生力军，为推动社会创新性发展发挥了重要作用，高校培养高素质创新型人才迫在眉睫。

一、培养高校创新创业能力意义重大

在经济全球化的背景下，科技的不断进步，能增强我国在国际上的主动权和话语权。高校创新创业教育是增强国家竞争力，缓解就业压力，将研究成果转化为生产力的有效途径。

1.有利于提高学生综合素质

通过开展创新创业活动，引导大学生将专业知识用于解决实际问题，了解理

论知识和实际应用的差别和联系，明确今后的学习方向。同时，大学生在参与"双创"活动的过程中，可以锻炼意志品质，探寻解决问题的方式方法，进而增强分析和解决问题的能力，培养发散创新思维。

2.有利于缓解社会就业压力

近年来，大学毕业生逐年增多，大学生就业形势严峻，因此国家鼓励大学生创业，并提供了众多优惠政策。目前很多大学毕业生创办的公司提供了就业岗位，缓解了社会压力。这些创业者在商业环境中迅速成长起来，成为某一领域的领军人才。

3.有利于推动研究成果进行转化

大学是科学研究的重要阵地，很多新科技成果都是在大学里研究出来的，不过目前很多成果并未转化为产品，仅仅停留在实验室阶段。大学生有机会接触到最新的科学技术成果，如果能够充分利用这些资源，将科技转化为生产力，用于人们的生产生活，将对创新型社会的建设发挥重要作用。

二、大学生科技创新能力培养的现状及困境

近年来，我国科技实力不断增强，在部分领域已经位于国际前列，解决了很多重大战略问题。在科学研究不断取得成果的同时，社会对大学生科技创新能力培养越加重视，国家多部委和专业学会为此组织了众多科技活动。各高校也积极响应号召，主动在培养学生科技创新能力上下功夫。不过，我国陈旧的教学模式导致高校创新创业教育很难获得质的提高，主要存在以下几个问题：

1.大学生科技创新意识薄弱

我国长期以来实行的"应试教育"忽视了学生创新意识和实践能力的培养，学生在面对新事物的时候，缺乏探索创新的勇气，创新意识薄弱。而且大部分本科生专业知识储备少，科研能力弱，自信心不足。此外，在目前的招生政策下，众多学生为了追求"名校"而忽视了兴趣和特长，选择了不适合自己的专业，慢慢失去了深入研究的热情。

2.大学生科技创新成果缺乏研究价值和可行性

科技创新成果的取得往往需要长时间的积累，如果没有大量的实践验证，科技创新成果的价值就会大打折扣。学生在求学阶段的学业压力大，课余时间少，难以将大量的精力和时间投入到科技创新活动中，多数学生靠短时间的突击来应付项目检查或参加科技竞赛，由于没有长期的科研支持，难以取得突出成果。而且科技工作需要大量的理论知识积累和锲而不舍的钻研精神，学生自身能力不足，意志不够坚定，很难达到科研项目的要求，导致项目可行性差。

3.指导教师积极性不高

高校教师教学和科研压力大，考核任务重，大部分精力都放在了自身的教学和科研工作中。很多高校不重视教师指导学生参加科技创新活动取得的成果，缺乏相应的激励机制，教师指导高校创新创业活动多是出于责任心。如果学生再敷衍了事，就会打击指导教师的积极性，让教师逐渐失去指导学生的内在动力。

4.高校缺乏相关硬件支持

大学生参加创新活动需要一定的场地、经费和设备等硬件支持，高校的实验设备大都统一购置，这类实验设备虽然便于管理和维护，但不具备二次开发性能，留给学生设计的空间较小。同时，很多高校没有完善的科研平台，一些科研实验室和设备并不完全对学生开放，导致学生开展创新实践活动的难度增大。

三、提高大学生科技创新能力的措施

营造创新创业氛围，提高学生创新实践能力，需要整合多方资源，搭建大学生创新实践平台，让学生有机会参与到创新创业活动中，通过平台引导、助力、管理各项创新实践工作。

1.加强思想引导，激发学生"双创"热情

搭建师生交流平台，邀请名家大师为学生答疑解惑，指导学生开展创新创业活动。同时，邀请成果突出的学生分享创新创业经验，为广大学生树立标杆。建立起教师讲授知识、优秀学生传授经验的讲座体系，让学生树立远大理想，积极

投身到"双创"活动中来。

2.推出创新计划，提供项目经费支持

培养学生的创新创业兴趣，积极引导学生参加高校创新创业项目。采取教师发布项目供学生选择或学生根据调研情况自拟项目两种方式进行项目立项，对于成功立项的项目学校提供经费支持，并严把经费准入准出关，提高项目日常检查和结题标准，让学生朝着更远大的目标奋斗。对具备市场潜力的项目给予大力支持，推动创新成果转化为生产力。

3.开设培训课程，系统提高"双创"能力

制定"双创"能力提升培训方案，为培训提供标准和依据，在基础理论、文献检索、专利申请、论文撰写、竞赛备赛等方面开设课程，对学生进行系统培训，让学生明晰取得创新创业成果的方法和途径。同时，积极争取校外资源，为"双创"成果突出的学生提供赴企业实习和出国开展学术交流的机会，让他们有更多机会了解行业前沿技术。此外，开设大学生科创讲堂，学生定期汇报项目进展，教师及时指导，保证项目顺利进行。

4.以赛促学，构建人才梯队

目前大学生科技竞赛呈现出百花齐放、百家争鸣的良好态势，高校要建立起覆盖各专业、各年级的科技竞赛体系，为学生提供参赛机会。对在竞赛表现突出的项目和个人，按照多学科、跨年级的原则进行组队，以发挥优势互补，以旧带新的作用；同时邀请相关专家进行一对一辅导，进一步完善项目以参加更高级别的竞赛，为学生提供广阔的成长和展示平台。逐渐构建起专业教师全程指导、学生人才梯队培养、高校提供硬件支持的竞赛支撑体系。

5.梳理"双创"信息，着力搭建科研平台

目前各类大学生"双创"培训和竞赛信息鱼龙混杂，很多学生不具有分辨这些信息的能力，无法准确获得创新创业项目和竞赛的参与途径。为此，高校需要根据学生需求梳理"双创"信息，建立一体化信息集散平台，为学生提供项目双选、竞赛资讯、辅导资料、培训讲座、优秀案例等资源。同时，要根据学生"双创"能力培养需求，推进实验室开放课程的建设，协调实验室资源，为学生提供

实验场所和设备，让学生能在实践中探知真理，在科研项目中获得知识。

6.制定激励机制，提高师生参与积极性

为充分调动学生参与和教师指导高校创新创业活动的积极性，需制定相应的激励机制，对取得突出成绩的学生在出国交流、奖学金评定、推免研究生等方面给出明确的奖励办法。将教师指导学生取得的科技成果进行量化，量化结果直接与教师考核和职称评定挂钩，并大力表彰优秀指导教师，提高教师积极性。

大学生科技创新能力的培养一方面要保证基础理论教育的完整性和系统性，另一方面要加强实践环节的硬件支持和政策引导，充分调动师生积极性，为师生交流搭建好平台。建立学校提供保障和政策支持，指导教师提供专业化指导、企业提供实习和试行条件的全方位、全程化"双创"育人体系。让学生能够在参与创新实践活动的时候找到归属感和获得感，让"双创"成果成为经济发展的新引擎，让创新型人才成为社会进步的新动力。

第二节　高校创新创业教育的运行机理

我国高校创新创业教育的运行机理包括微观和宏观两个方面。其中，微观机理包括环境熏陶机理、素质构建机理和动力激励机理等；宏观机理包括制度引导机理、竞争催动机理和评价反馈机理等。只有结合微观机理和宏观机理，才能正确而全面地认识我国高校创新创业教育的具体运行。

"机理"一词原意是指机械所具有的基本结构和基本原理，它最初是用于工程学之中，但随着各学科之间的不断交融，该词语也逐渐被用于生理学、经济学、管理学等学科。所谓"运行机理"，是指为了使特定系统达到某种运行状态而设置的系统各要素的结构和作用方式。我国高校创新创业教育也具备一定的运行机理，其中，利益、需求、激励、竞争等要素相互交错，共同实现对高校学生进行创新创业教育的目的。

一、我国高校创新创业教育运行的微观机理

在对我国高校创新创业教育的运行机理进行探索时，可以从心理学角度对其进行微观把握和剖析。高校创新创业教育应更好地发挥其激励和促进作用，更好地引领大学生主动接受创新创业教育，进而提升大学生的创新创业意识。高校创新创业教育还应合理发挥其熏陶和感染作用，使大学生在心理层面对创新创业教育产生认同。我国高校创新创业教育运行的微观机理主要包括以下三方面：

（一）我国高校创新创业教育的环境熏陶机理

著名的情境学习理论认为，在人们开展各项行为活动时，一方面会进行一定的思维，做出相应的判断和决策；另一方面，人们的行为也具有实践性和社会性等特点，学习者自身的思维意识，是学习者在与情境的互动中生成的。因此，为了达到更好的创新创业教育效果，高校应采取各种措施，为学生营造一个更有利于提高学习效率、获得正确创业认知的环境。比如，高校可以通过各种途径（如学校的广播、网络或宣传栏等），加强对创新创业教育有关知识的宣传，更好地为大学生注入创新创业的理念。要营造支持创新创业的氛围，还必须借助新闻媒体的公信力，让社会的每一分子都感受到创业带来的激情和震撼。在进行高校创新创业教育时，还需要在学生心目中树立一定的榜样意识，进而促进学生更好地向心目中的榜样学习。应广泛收集各种创业成功人士的典型事迹，树立合适的典型，有效调动大学生的创业积极性。通过这种"典型式"熏陶，能让学生认识到创业之不易，让他们了解在实际开展创业活动时会有很多的不确定因素，只有及时对这些不确定因素进行预测和判断，才能使企业经营面临更少的风险。

高校在开展创新创业教育时，应根据实际需要，为大学生营造良好的创业情景模拟环境，以促进大学生创业动机的产生。通过这种方式，使大学生在特定环境中正确而全面地分析创业中的各种问题，并发现自身不足，进而有针对性地提

升自己的创业能力和素质。在此过程中，既要发挥教师的引导和启发作用，又要体现学生作为学习主体的创造性。例如，通过创业教育中的案例分析，能将学生带入全新的创业环境中。案例教学法能将蕴含专业知识的现实问题搬进课堂，引导学生积极思考，使其主动学习、讨论和实验。高校创新创业教育就是要教会学生解决一个个创业问题，所以选择良好的案例是教学成败的关键。一个好的案例能激发学生强烈的问题意识和探究动机，引起学生的积极思考，从而发挥其思维力和创造力，使其最终能独立解决问题。

（二）我国高校创新创业教育的素质建构机理

建构主义学习理论的基本观点是：学习是学生主动构建自己知识体系的过程，学生会依照自身的经历和所面临的环境，对所遇到的问题进行分析和判断，进一步提升自己的能力，并在此基础上对已掌握的知识进行提炼和升华。因此，在教学过程中，不可以简单机械地传授知识，而是要更好地引导学生，让学生在已经获得的知识基础上进一步构建新的能力体系。

一般来说，在创新创业教育的培养下，大学生知识和能力的构建可分为两大方面，即智力因素和非智力因素的构建。智力因素在创造性活动中具有直接参与对客观事物的认识、处理各种内外信息等作用，这些作用体现在一个人的智力水平上，主要包括感知、记忆、思维、想象等。非智力因素在创造性活动中具有动力和调节作用，对活动起着发动、维持、强化、定向和引导作用，主要包括动机、兴趣、情感、意志、性格等。在开展实际创业活动时，尽管对于智力的要求是很高的，但一些非智力因素同样极为关键。

在创新创业教育的素质建构过程中，学生会通过已有的认知结构，对新的知识和经验进行归纳整理，建立起适合自己的新的知识结构。借助案例式教学，能培养学生主动学习的习惯，从而发挥学生的积极性、主动性，最终形成新的知识体系。此外，要充分利用学生社团的力量，把学生社团作为对学生进行创业意识和创业技能教育的有效载体和途径，以培养学生的创业精神和动手能力。

（三）我国高校创新创业教育的动力激励机理

激励是一种手段，有效的激励能使人们获得正确的价值认同，进而提升人们工作的积极性和创造性。亚伯拉罕·马斯洛于 1943 年发表了他的划时代巨著《人类激励理论》，他在该书中提出，人有五种不同层面的需求，即生理需求、安全需求、社交需求、被尊重的需求和自我实现的需求。在马斯洛的理论中，这五种需求是有层次之分的，在前面层次的需求获得满足的情况下，人们才会努力实现更高层次的需求。在特定的时间或空间里，人们可能会同时有多种不同的需求，但其中将满足而未满足的需求会占据重要地位，主导着人们的行为。

创业者的需求大体包括三个方面：获得经济利益、提高知名度、实现自我价值。在我国高校创新创业教育的激励过程中，要注意满足不同主体多层次、多样化的需求。激励必须有针对性，不同组织、不同对象对激励的需求也会不同。在对创新创业教育教师进行激励时，精神上的奖励往往比物质报酬更能满足其心理需求。当教师看到学生获得进步和成功时，其心中的成就感往往能给他们很大的激励。

大学生在创业时的需求是十分丰富的，种类有很多。创业成功能使大学生改善生活条件，并更好地实现自我价值，获得自我满足感和认同感。以往高校对学生的激励主要采取精神激励的方式，激励对象主要是获得某些创业竞赛名次的同学。比如，当学生通过激烈的比赛获得名次时，很多高校会给这些学生颁发证书，或举行一场表彰大会，会后让学校新闻部门采访获奖者。但我们要注意到，由于学生的经济条件不如教师，在对学生进行激励时，应注重物质激励和精神激励相结合。在市场经济条件下，人们不仅关注物质需求的满足，还希望获得一定的社会认可，提升自己在他人心目中的地位。一定的物质激励能使学生有更强的学习和实践动力，针对在校大学生的创业活动，学校要在创业基金和开辟专门场地上给予学生一定的物质支持，这样才能给予他们持续创业的勇气。

二、我国高校创新创业教育运行的宏观机理

在我国高校创新创业教育的运行中，通过对大学生创业者的引导，强化其创业动机，并促使其动机转化为创新创业行为。从宏观角度看，我国高校创新创业教育内部存在着制度引导机理、竞争催动机理和评价反馈机理。通过这些机理的作用，大学生创新创业教育能宏观地引导创新创业服务国民经济和社会发展，并促进优秀创新创业人才的脱颖而出，从而形成崇尚创业、尊重创新的社会环境。

（一）我国高校创新创业教育的制度引导机理

美国心理学家华生提出了著名的"行为主义理论"，该理论的主要内容为：人们在进行某些行为时，往往有着很强的目的性和针对性，如果该行为能更好地满足其需求，他就会坚持下去；反之，他就会终止这些行为，并分析自身存在的不足之处，进而改进和调整自己的行为。美国学者库尔特·勒温进一步指出，人们的行为是其人格与其当时所处制度环境交互作用的结果，也就是说，人们所进行的各种行为活动是同时受到自己心理状态和所处制度环境影响的。

创业是一个渐进的过程，知识的点滴积累，技能从量变到质变的飞跃，都是一个长期的进程。大学生创业者在进行实际创业活动时，可能会遇到各种各样的问题和挫折，要想更好地应对和处理这些问题，以一种平和的心态面对不同的挫折，需要创业者具备很好的心理素质。因此，心理素质的培养十分关键，而学生所处的制度环境会对其心理素质培养产生很大影响。为此，一方面，高校应根据实际情况，制定和实施创新创业教育相关的管理制度，并要求学生严格遵守；另一方面，创业教育教师应更好地扮演自己的角色，发挥榜样和示范作用，以自己的人格魅力感染学生，提升学生的创业动力。

（二）我国高校创新创业教育的竞争催动机理

在创业过程中，当人有了创业动机并具备一定条件，就会引起创业的行为。我国高校创新创业教育把竞争引入其中，强化了创业者群体活动的动力，激烈的

竞争促使他们能尽快创造出良好效益。在创业竞争中，创业项目能否得到社会承认是决定竞争胜负的关键，诚如美国学者默顿所说："在为人类做贡献的有组织的竞赛中，谁跑得最快，谁首先做出了贡献，谁就将赢得这场比赛"。企业如果能在竞争中占得先机，就能获得更多的收益，并实现企业的快速发展。企业要想获得自身的发展优势，就必须通过科技创新，掌握前沿的技术，并形成企业自身的核心竞争力。从整个社会来说，竞争能在一定程度上提高我国自主创新能力，更好地发挥自主创业推动技术创新的杠杆作用。

在我国高校创新创业教育中，创业计划竞赛是竞争的重要手段之一。创业计划竞赛的作用，不仅在于催生公司，它还能促进大学生更好地参与到创业实践活动中来，从而提升自己的创业能力和素质。对没有参赛的学生而言，创业计划竞赛也是一种氛围的熏陶，能使其对创业有一定的认识和了解。充满青春热情的大学生往往具有追求成就、实现自我价值的强烈愿望，而创业计划竞赛恰恰为这些大学生提供了一个自我展示的平台。大学生在参与创业计划竞赛的过程中，需要开展多方面的工作，如编写创业竞赛计划书，与老师、同学进行沟通和交流等。在这个过程中，学生不仅能获得更多的友谊和知识，还能显著提升自己的团队意识和应对各种事件的能力。

（三）我国高校创新创业教育的评价反馈机理

对创新创业教育进行评价，其评价对象是高校创新创业教育活动，评价的主体包括政府、社会和高校三个方面。政府评价主要是对学生的创业率和就业率、毕业生创业效果、毕业生对创业机会把握能力的评价。社会评价的主体包括社会舆论组织和非政府组织等，主要是对学生的综合素质、职业结构、创业成功率、收入、社会影响力等的评价。高校评价是一种自我评价，主要由学生、教师、高校职能部门参与评价。高校评价主要是对创新创业教育的理念、创新创业教育课程的开展以及创新创业教育课程的满意度的评价。对创新创业教育理念的考查，主要包括学校对创新创业教育的重视程度、宣传效果以及提供资金、场地、优惠措施的力度；对创新创业教育课程开展情况的考查，主要包括创新创业教育课程的开设、创业活动的开展、创业实践的实施、学生创业素质的养成等方面；对创新创业教育影响面及满意度的考查，主要包括创新创业教育的普及程度及其在学校中的影响力、学生接受创业课程的比例、学生参与创业竞赛的次数以及学生和教师对创业教育效果的认可度。

对我国高校创新创业教育的评价，可以分为形成性评价与总结性评价、定量评价与定性评价等。形成性评价主要考核学生在创业课程学习中的认真度、创业活动及实践中的参与度和积极性，这种评价需要多次进行、随时开展；总结性评价主要考核学生在创业课程结束后的收获，可以单人考核，也可以团体考核，可以单项考核，也可以综合考核，可以书面考核，也可以口试答辩。定量评价主要关注大学生创业课程的成绩，却容易忽视个性发展、心理品质和行为规范等难以量化的指标；定性评价主要是对学生的平时表现、学习情况、创业意识、创业品质等的观察和分析，并据此直接对学生做出定性结论，如评出等级、写出评语等。一般来说，知识的掌握和能力的培养需要用测验法、问卷法来了解，创业意识和心理品质的形成需要用访谈法、观察法来了解。在运用以上方法的时候，必须综合运用并对结果进行合理的处理与分析，以防止出现以偏概全的情况，从而保证评价结果的准确性。美国教授于 1997 年对高校创新创业教育的评价提出了七项标准：创新创业教育提供的课程、教师发表的论文和著作、创新创业教育对社会的影响力、毕业校友的成就、创新创业教育项目自身的新颖性、毕业校友创建新企业的情况、创新创业教育的外部学术联系（如举办创业学术会议、出版创业学术期刊等）。我国学者也提出了以创新创业教育的课程、师资、创业环境、学生四个方面为主线的，八大类四十项指标的高校创新创业教育评价体系。具体八大类为：教学方法、教师专业背景、核心课程体系、教师科研能力、创新创业教育硬环境、创新创业教育软环境、学生专业背景、学生个性特质。但我们要看到，高校创新创业教育不能仅通过写了多少高质量计划书、得了多少创业竞赛奖、办了多少公司等指标来评价，而是要看有多少大学生在接受创新创业教育后通过自己的努力为社会增加了财富，或通过自己的创业为社会减轻了就业负担和压力，这才是我国高校创新创业教育的真实成效。也可以说，创新创业教育评价不能只停留在数据层面，而应从社会层面和实践层面进行全面的评价。

综上所述，制度引导机理、竞争催动机理和评价反馈机理对我国高校创新创业教育来说都是不可或缺的，它们共同构成了高校创新创业教育的宏观机理。上述三条机理，都是为实现新时代高校创新创业教育的多元化目标（经济目标、技术目标、社会目标、生态目标等）而服务的。只有把高校创新创业教育的微观机理和宏观机理结合起来，才能全面认识我国高校创新创业教育的具体运行。

第三节　高校创新创业教育体系建设

为了推动大众创业、万众创新，更好地促进高校创新创业教育，通过实地考察对高校创新创业教育现状进行调研，提出构建高校创新创业模拟系统，健全创新创业模拟系统管理机制。通过打造集服务式、平台式与轻资产模式为一体的创业实战平台，为大学生创业提供各项咨询、业务办理以及对接投资等服务。完善高校创新创业体系，培养高校创新创业意识，帮助大学生解决创业中的实际问题，提高大学生创新思维和创业实战能力。

大学生在创业中具有较大优势。据有关调查，在大众创业、万众创新背景下，具有创业意向的在校大学生已高达七成，但大学生实际创业率与创业成功率却与之形成巨大反差。大学生是我国创新创业的一股强大力量，如何更好地利用这股力量，需要高校做好对应的创新创业教育，提高大学生的创业意识和成功率。大学生创新创业教育不仅有利于大学生成长，培养大学生的创新创业意识，还能提升大学生自身的社会实践能力和组织协调能力。

《关于推动创新创业高质量发展打造"双创"升级版的意见》的印发，表明国家非常重视高校创新创业教育，国家推动高校创新创业教育高质量发展是落实创新驱动发展战略、促进经济提质增效升级的迫切需要，更是促进高校大学生高质量创业就业的重要举措。

一、高校创新创业教育存在的问题

（一）大学生缺少创业实践经验

大学生生活学习长期局限于大学校园，缺乏社会交流，社会经验不足。而大学生课堂学习偏重理论学习，很难获得实践机会，同时缺乏社会关系和社会网络，获取市场有效信息的渠道有限，社会资源相对匮乏。大学生在创业实践过程中，考虑问题简单化、理想化，创业实践经验不足，无法适应市场发展规律，有效解决问题的能力不足，这些都是导致大学生创业成功率低下的原因。

（二）高校创新创业教育体系不够健全

1.高校创新创业理念落后

当前我国高校的创新创业教育，仍然某种程度上保留着"老一套"的教育理念，还普遍存在以教师为中心、以结果为导向的传统教育方式。传统的教育理念在当今时代已无法培养社会发展所需的创新人才，高校的创新创业理念急需改变，需与时俱进，不断探索适合现代化发展的创新创业教育理念。

2.高校创新创业教学方式单一

在我国，高校作为创新创业教育的主要承担者，在创新创业教学设计中，对大学生创业所需理论知识传授普遍欠缺，理论知识与创业实践操作能力有机结合的课程内容更少。课程设置单一，以传统说教方式灌输知识，学生自主性不高，教学与社会创业实践脱轨，导致大学生思维模式固化、知识结构单一，缺乏创新创业的创新思维和实践能力。

3.高校创新创业师资匮乏，结构不合理

我国高校创业教育教学内容基本上以就业指导为中心，创业指导老师主要以学校学生工作处老师为主，高校创新创业教师队伍普遍缺乏创业经历，注重理论教学，难免出现照本宣科现象。创新创业教育师资队伍建设，除了高校教师外，可以邀请校外企业人员来校任教，或者是邀请接受过创业培训教育的专业人才。

对于现有创新创业教育师资组成应该优化组合，以改变师资匮乏的现状。

（三）校企合作机制不完善

目前国内高校与企业合作方式较为单一，大多以应邀出席企业家、创业家座谈会、拉赞助、校招会等方式进行合作。合作方式较为简单，缺乏有效的合作机制。而这种过于单一的合作方式则会导致高校创新创业实践难以以企业为依托。

高校与企业合作主要目的基本是解决学生毕业前的实习工作，企业的目的则是解决内部人力资源需求，这样的合作并未充分调动企业培养学生的积极性，校企育人制度没有落实，企业所拥有的社会资源和经验，不能真正用于培养学生创新创业能力当中去，校企合作机制存在较大缺陷。

（四）大学生创业政策支持保障机制乏力

高校大学生创业面临许多现实难题，需要资金、政策、技术等方面的支持。目前，我国已经出台了许多促进大学生创业的政策，如降低企业注册资本门槛、提供创业鼓励资金、减免相关税收费用等。但由于相关部门、高校在贯彻落实政策过程中的缺位，创业政策不能及时有效地宣传到位，并出现职权缺失、相互推诿等现象，使得学生创业政策支持保障机制乏力，创业大学生无法得到国家政策支持，使得政策效果大打折扣。

二、高校创新创业教育体系建设

（一）创新创业课堂教学建设

1.重视高校创新创业课堂教学，提高教学质量

高校创业课堂是学生了解创业知识的第一课堂，是培养学生良好创业价值观的重要环节，高校应注重培养大学生正确的创业动机和创业价值观。坚持以创业素质、创业精神、创业价值观培养为中心，让学生在创业认知、心理和价值观层

面为创新创业打下坚实的基础。

高校应顺应社会发展的趋势，规划并设计完善的创业教育体系，在良好的创新创业氛围下，制订适应社会发展要求的高校创新创业计划。不断加强创新创业教育师资与教育团队的建设，增强师资力量，并不断鼓励并推动高校教师担任高校创新创业实践训练导师，同时，聘请创业企业家担任高校创新创业教育导师，以此打造一个专兼结合、高质量的"双创"导师团队。

同时，高校课堂教育不能局限于线下课程教育，应采用线上线下相结合的方式进行，合理利用互联网资源，利用专业、高质量的创业视频引导大学生进行创业知识学习，以更好地帮助大学生进行创业形势分析、政策解读，树立良好、正确的创业价值观。

2.开展创业知识讲座，开拓视野

创业讲座有利于丰富大学生创业知识，开拓视野。在创业课程中，高校应定期邀请企业、科研院校、政府部门的专家学者来校讲学，充分发挥其创业、管理、政策等方面的优势，通过对创业基础知识的讲解、案例的分析、时事政策的解读，以及对当前创业环境的剖析，积极引导学生思考，启迪其思想，开拓其视野。

3.构建校企合作模式，合作共赢

高校可以通过与企业合作，为大学生在企业规范管理、市场运营、营销渠道等方面提供指导与支持，为大学生的创业演练提供帮助，丰富创业教育课程体系。定期组织学生走访企业，并为大学生讲授创业企业当前的行业背景、业内实务等内容，讲解创业过程中遇到的法律、工商、税务、项目管理等问题，使学生增加对创业各环节的感性认识，提高大学生对创业各个环节和关键点的把握能力。

同时，高校可以通过引入企业文化资源营造校园的创业文化。并以企业家进校园活动为载体，逐步开展企业家论坛、创业沙盘、创业沙龙等创新创业系列活动。在活动中，让学生认识现代企业的运营管理模式，了解企业发展历程，体验企业文化与发展理念。

（二）创新创业模拟实训建设

1.构建创业模拟系统，培养学生创业实训能力

完善的创业模拟系统是提升大学生创业实训能力的重要一环。高校应引进创业模拟培训系统，建设创业项目孵化基地、实践基地、大学生创业园、高校创新创业训练中心等载体，为学生提供创业实践场所。在创业模拟系统中，以初创公司模拟经营为项目载体，实行项目负责制。学生通过系统对项目进行运营，逐步实施初创公司的一系列业务活动。使大学生在创业项目实训过程中，学习并了解企业的运营系统，认识创业企业的经营目标和经营方针，体验战略选择和经营业绩之间的关系，培养创业者洞察市场、合理理性的决策能力。同时，学生也可以在实训过程中，提高团队交流能力，帮助学生树立全局观，突破各部门之间的分割限制，增强学生的抗挫抗压能力，培养协作精神，提升创业实训能力。

2.开展创新创业比赛活动，提高学生的创新创业能力

创新创业大赛是提高大学生创新实践能力的有效途径，也是"产学研"应用的平台。在比赛过程中，大学生只有充分理解初创公司项目的实施过程，明确自身项目的核心技术以及核心竞争力，通过创业团队的精诚合作，充分发挥出团队成员的特长，在比赛中脱颖而出。因此，以创新创业大赛作为大学生的创新创业实践活动的载体，有利于增强团队协作精神，培养学生的创业兴趣，调动学生的主动性、积极性，激发学生的创新思维和创业意识。

3.健全创业实训管理制度，提高学生实训的整体效率

构建创新创业管理制度，以完善高校创新创业教育体系，有利于培养学生的创新思维和创业能力。高校应通过科学的教学方式和教学手段，增强学生各方面的能力；制定合理的项目考核制度，明确高校创新创业管理体系中的权利与义务。

在健全创业实训管理制度的同时，也应考虑高校各职能部门的具体分工，以达到科学管理的目的，提高学生创业实训的整体效率。

（三）创业服务实战平台建设

1.打造创业服务平台，为大学生创业提供便捷

在大众创业、万众创新背景下，大学生创业已常态化。为了更好地帮助大学生进行创业实战，政府与高校应积极打造创业服务平台，为大学生创业提供便利，为新时代的大学生创业提供强实战、全方位、系统化、全生态的创业综合服务。政府应鼓励高校与平台软件开发者合作，以大学生创业需求为基础，为大学生初创企业提供多层次的创业服务，打造一个集服务式、平台式与轻资产模式为一体的创业服务平台。

创业服务平台可以集视频教学、创业服务于一体，以创业大学生为中心，以提供创业具体操作服务为导向，重点打造包括公司注册、执照办理、专利申请、法务税务登记等相关服务，帮助大学生解决创业过程中可能遇到的一系列问题，提高孵化创业项目的成功率。此外，创业服务平台还能为大学生提供合伙人推荐、专利保护、行业资讯推送、专业问题咨询、融资投资对接、人才培训等相关配套服务，助力大学生实现创业梦想。

2.采用线上线下相结合的模式，提高创业成功率

创业服务实战平台采用线上线下双轨运营模式。在线上，为大学生创业者、企业家、投资人、创业导师和专项人才提供创业知识与资源共享、创业各项咨询服务的交互平台。在线下，创业服务平台可以聚集一批优秀的创业者、企业家、投资人，打造新领袖社群。在增加创业者黏度的同时，为创业者全程赋能。为大学生创业提供创业辅导、初创公司业务办理、项目策划、商业模式创新、运营能力创新、盈利模式创新、渠道招商创新等基础服务，也包括成长型企业的战略重构、企业变革及资本运作等一系列高端服务，以帮助大学生提高创业成功率，为大学生创业保驾护航。

从理论课程、模拟实训到投入实战都应合理有效地利用高校、企业、社会的资源，建设完善的创新创业教育体系，为大学生创业保驾护航，系统化地解决大学生在创业学习、实操应用与创业咨询过程中遇到的难题，帮助大学生正式开启创业项目的实施。

帮助大学生在模拟创业实战训练中解决创业疑难，更清晰地了解企业运营流程，更系统地完善创业项目，提前执行并适应创业操作事项，确保大学生在了解创业、尝试创业、深入创业中不断培养创业思维，在理论学习与实战学习相结合的创业咨询平台中创造个人的真正创业成果。通过企业专业人士的项目反馈意见不断改善创业方案，让学生在模拟实践中不断检验项目可行性，以饱满的热情踏上创业征程，实现创业理想。

第四节　5G 时代的高校创新创业教育研究

5G 指第五代移动通信技术，是在 4G 基础上发展起来的多种新型无线接入技术的总称。5G 技术具有频谱利用率高、网络兼容性好、系统性能高效等优点，能为我们带来高容量、高速率、低延迟、低功耗、超可靠的移动数据体验，可以应对比 4G 复杂的应用场景。5G 时代的来临，不仅为各个行业的转型和升级提供重要保障，促进物联网、工业自动化、无人驾驶、人工智能等领域的创新发展，而且将支撑起许多新科技的商业化运用。在此背景下，5G 时代势必会出现新一轮的创新创业机遇。高校作为大学生进行创新创业活动的重要基地，只有积极探索与时俱进的创新创业教育模式，解决创新创业过程中遇到的问题，优化学生的知识结构，才能培养出适应创新型国家建设需要的高水平创新人才。

一、5G 技术对创新创业教育的重要意义

5G 作为新一代移动通信技术发展的方向，将以全新的网络架构，提供至少十倍于 4G 的峰值速率、毫秒级的传输时延和千亿级的连接能力，将在提升移动互联网用户体验的基础上，进一步满足未来物联网应用的海量需求，最终实现"信

息随心至，万物触手可及"的总体愿景。同时，5G 技术与工业、医疗、交通、教育等行业深度融合，将促使众多垂直行业跨行业、跨领域交融，将诞生各种新型业务，出现各种社会分工，创建各种高级行业，产生新型商业模式和技术创新，而这些创新将成为今后新价值的增长点，成为国家经济发展的原动力。因此 5G 将为各种创新应用的发展奠定技术基础，将能促进人类社会高度发展，充分满足人们对于数字化生活、数字化社会与数字化工业的需求。基于 5G 的突出优势，首先会在创新业务应用上全面爆发，这对大学生创新创业来说，将迎来更大的市场空间和发展空间。

二、5G 时代高校创新创业教育现状

"大众创业、万众创新"，强调的就是创新创业对经济发展的强大推动作用。政府也在政策制定方面为创新创业提供金融支持、税收支持、技术创新支持、创新创业教育支持、创新创业基础设施支持和行政支持等；在企业方面，成功的企业家经常以讲座、校友会等形式，给大学生们输送新观点，传递新知识，宣传新经济时代的价值观，引导大学生开拓视野，创新思维，是对高校创新教育的有益补充，而且有些企业支持大学生创业，会以资金、场地、服务等形式为新企业提供资助，并与新企业成立合作关系；在高校层面，创业教育科目被教育部作为必修课纳入高校课程体系，在国家有关部门和地方政府的积极引导下，各高校结合自身特点，进行了有益的探索与实践形成了多种创新创业教育类型，分阶段分层次地对大学生进行创新思维培养和创业能力锻炼。此外，各高校积极组织学生参加"互联网＋"创新创业大赛，使大学生的创业意识和创业素养得到了全面的提升。

三、5G 时代高校创新创业教育问题分析

根据由中国人民大学、北京师范大学、上海交通大学等 30 余高校、企业和社会组织联合跟踪调查的《2017 年中国大学生创业报告》显示，虽然大学生创

业意愿高涨，大学生创业层次也在不断提升，但大学生创业制约因素依旧明显，资金缺乏和经验不足仍然是最主要的障碍；工学、管理学和经济学专业的大学生对创新创业感兴趣的人数比例最高，农学、医学、艺术学专业的大学生对创新创业缺乏热情；餐饮、农业、信息技术、运输、教育、文化等行业仍是大学生创业的主要领域。此外，报告表明目前只有54%的高校对创业教育满意度实施了跟踪调查，其他高校并没有重视和实施创新创业课程的改进流程。分析问题原因主要有以下五点：

第一，高校对5G时代势必会带来新一轮的创新创业机遇认识不足，导致大学生创新创业的扶持政策不完善，配套设施不完备，使大学生创新创业者因为种种原因未能享受到优惠政策而导致资金缺乏，或因为配套服务滞后、缺乏创新创业实习基地或孵化基地建设不健全，使得学生很难获得有关创业企业的实际经营和管理经验。

第二，5G时代下的高校创新创业教育体系不完善。首先，创新创业教育课程体系同5G时代背景及专业前沿课程融合程度不够，导致学生视野不够开阔，创新创业缺乏新意，模式单一趋同。其次，创新创业教育师资队伍不完善，教师普遍缺乏创新意识和能力，对5G时代即将到来缺乏敏锐感知，讲课多从书本知识出发，很难打破学科间的壁垒，难以满足大学生对创新创业知识的需求。

第三，高校创新创业教育实践体系不健全，缺乏5G时代创新创业的训练环境，或是缺乏有效的管理制度导致实践活动资源利用率不高。

第四，高校对创新创业的支持有待加强。新技术的研发需要投入大量的人力、物力和财力，这对刚进入社会的大学生创新创业者而言，无疑是一个严峻的考验。

第五，政校企的合作与衔接程度有待加强。5G时代，不管是商业模式的变革，还是技术的创新都是"摸着石头过河"，缺少成功模式的借鉴，年轻的大学生创新创业活动更是如此。

四、5G 时代高校创新创业教育研究探讨

针对大学生创新创业存在问题的分析，应从以下四个方面进行改进：

第一，政府层面加强政策宣传、资金投入。利用宣传栏、电视和高校官网对政府公布的创新创业政策进行宣传，还可利用 5G 宣传技术的多种形式和渠道，扩大宣传范围，提高宣传效率，营造良好的创新创业氛围，增强学生参与到创新创业中来的积极性。此外，加大 5G 基础设施建设的投入和创新创业资金的投入。

第二，学生层面提升意识、提高能力。首先，可以通过学习创新创业基础课程增强关于创新创业的理论知识，通过学习创新创业实践课程增强创新创业实践能力。其次，通过学习专业前沿知识掌握 5G 时代下的前沿动态，为创新创业储备创新技术力量。最后，通过政校企合作平台了解创新创业政策，到企业参观学习，借助平台与志同道合的同学进行交流和合作，培养自身的创新创业能力。

第三，高校层面健全 5G 时代下的创新创业教育体系。5G 时代，高校应紧跟时代步伐，不断更新和完善教育体系。一是优化课程机构，适应 5G 时代创新创业需求；二是利用 5G 科技，加强创新创业师资队伍建设；三是完善创新创业组织结构；四是利用 5G 技术，完善创新创业实践平台建设；五是加强校内创新创业文化建设。

第四，社会层面鼓励社会支持创新创业。一是加强创新创业理念引导，对 5G 时代的创新创业机遇有正确的认识；二是营造鼓励创新创业氛围，发挥榜样的引领作用；三是加强社会基金的支持。

第五节 高校创新创业教育"链式"机制

在大众创新、万众创业的新形势下，高校在国家创新体系发展中占据重要地位。为培养综合素质较高的创新型人才，高校应不断探索创新创业人才培养体系，加大创新创业教育力度，促使学生创新精神和技能的高质量升华，从而进一步提升大学生核心竞争力。

一、高校创新创业教育发展现状

（一）专业知识与创新创业的融合有待加强

国家层面要重视对创新创业理念的引导，高校层面更应该将这种理念贯穿于教育教学的全过程中。高校开展诸如创新创业竞赛、成立创客空间、举办沙龙论坛等各种各样的创新创业活动，为高校创新创业教育的发展提供坚实有力的实践平台，使很多大学生对于创新创业项目活动都有一定的理解和认识，也想在大学学习期间展现自己的创新能力，但关于大学生如何将专业知识与创新创业活动融合，利用专业知识解决实际问题并改进方式方法，还需要学校和教师的精心引导和教育。自主创新、创业的现状不尽如人意，创业成功率不高、创新成果转化率低、创业技能存在短板。高校创新创业教育必须摆脱固有的传统教育模式，要重视学生理论联系实际的能力，激发创新意识的同时，要为学生创新能力的培养提供优良环境。

（二）高校创新创业意愿有待提升

随着全社会创新创业的氛围日益浓厚，"双创"日渐成为广大青年学生的一种时代追求，大学生创新创业意愿不断增强。但调查发现，大学生还存在着传统就业观，对于自主创业这种收入不稳定的工作依然持有抵触的观念，创业是自己找不到稳定工作之后的无奈之举。

（三）创新创业教育师资队伍有待优化

创新创业教育师资队伍肩负着培养创新型人才的重任，也是加快和稳定创新创业教育事业的智力支持。"'双创'教育"对教师的综合能力提出新的要求。目前，一些高校"双创"教师大多来自学生管理一线的辅导员队伍，或者有专任教师兼职，但其创业理论知识和创业实践相对薄弱，在"'双创'教育"中显得力不从心。授课内容多以通识型的启蒙课程为主，授课方式多以理论教学为主，灵活度不高，实战性不强，未能更好地将专业知识与创新创业教育进行有机结合。

（四）创新创业教育管理体制有待健全

目前一些高校还未形成完善的创新创业教育管理体制，在课程体系建设、专业融合等方面还有不足。对学生的理论课程、实践活动没有形成完善的考核体系，对教师的教学没有强有力的约束机制，故而创新创业教育的评价体系是不健全的。有些高校只设置了创业理论课程，没有实践环节的课时分配。一些高校的创客空间、创业孵化基地等经营惨淡，没有在全校形成浓郁的创新创业文化氛围。

二、构建创新型人才培养的"链式"机制

创新创业教育理念是新时代对高等教育提出的使命要求，高校在制定培养方案时也应将高校创新创业和实践能力的培养融入人才培养全过程中，并且将创新创业意识培养落实到教育教学各环节中。在高等教育发展规律的基础上，按照不同年级学生的发展需要，根据学生的性格特点、专业知识结构、技术能力水平，

构建创新型人才培养"链式"机制，明确培养计划，启迪学生创新创业思维，提高学生创新创业能力。"链式"机制有利于启发创新意识、培养创新思维以及提升创新能力，分阶段跟踪式教育，易于掌握知识，培养能力结构体系，是一种循序渐进的创新创业教育长效机制。

（一）大学一年级注重创新思维启蒙教育

就大学一年级学生的认知水平和能力来看，应注重其创新创业意识的激发。养成创新创业意识，学生在后期的学习和研究中才可能主动投入时间和精力。因此，创新思维启蒙教育至关重要。为激发和训练大学生的创新思维，将创业兴趣内容巧妙地注入大学生职业生涯规划课程教学中，让学生意识到创业不是与己无关的或是低层次的就业方式，而是毕业之后的就业新途径。引导学生主动探究新事物、新方法，不定期组织讲座和报告、创业沙龙、创业论坛、科研讨论班等，以项目或问题为中心，引导学生科学规范地开展项目研究，培养学生的创新精神与创业技能。组建高校创新创业训练营、创新创业社团，在开展活动过程中培养学生主动发现问题、思考问题，进而解决问题的能力，激发大学生的创业兴趣和创新活力。

（二）大学二年级注重创新创业意识养成教育

大学二年级是大学一年级的延续和加强，大学生对于学习和认识事物的兴趣还比较浓厚，此阶段应结合学科技能竞赛、创业模拟培训、教师的科研课题开展创新创业意识的养成教育，以各类创新创业大赛、科技创新大赛、专业技能大赛等为契机，把全面素质发展和个性自由发展紧密结合起来，多渠道为大学生创新创业意识的培养提供平台。

（三）大学三年级注重创新创业能力提升教育

大学三年级是在大学二年级养成教育基础上开展创新能力提升教育、创新思维由概念性向创新能力过渡的重要阶段。根据学科专业特点和创新需求，将创新科学研究融入培养过程的支撑课程体系中并设立相应的学分，进一步加大对创新创业训练计划项目、学科技能竞赛的组织和参与力度。学校或者二级学院应不定期举办优秀创新创业项目成果展示和交流，编印创新创业案例集、优秀成果报告册等方式加强推广宣传，激发学生的参与积极性。将开展的创新创业活动融入大学生社会实践与志愿服务，搭建校内外结合的创新创业平台，建立系统完整的实习实践体系，让学生在实践环节中识别并把握创业机会。

（四）大学四年级注重创新创业实践教育

大学四年级是"链式"机制的重点培养阶段，应注重理论知识指导实践。创新创业教育理念和内容体现在大学生毕业论文(设计)中，既能检验高校创新创业教育能力，又能促进创新创业教育与专业教育的融合，促进专业成果转化，提高毕业论文设计的质量。依托校内外实习实训基地、政府的众创空间，为有创业意向的大四学生提供资金、政策、办公场地、资源共享空间等。聘请创业导师、技术顾问，为大学生提供法律、税务、工商等方面的指导或咨询服务，帮助创业团队健康成长。高校应帮助学生搭建与社会资源对接的平台，促使创新成果的有效转化。

三、"链式"机制实践的保障

（一）完善创新创业教育制度体系

高校应建立创新创业教育的长效体系，采取有效措施培育创新创业的文化氛围，提高师生参与的积极性。科学规划创新创业教育专项资金投入，提供高校创新创业一站式指导服务，保障高校创新创业教育"链式"机制顺利开展。为鼓励和表彰具有创新创业意识和能力的学生并激发和引领其他学生的创新意识，设立创新创业专项奖学金。专业任课教师指导学生创新创业工作量计入年度工作量考核之中，创新创业竞赛获奖可以获得教学考核加分和相应的奖励，以此来调动教师参与"链式"机制的主动性和积极性。建立创新训练工作室、创新创业训练营，积极构建以创业教育为基础、以创新创业训练为抓手、以校园众创空间为平台的创新创业模式。

（二）完善师资队伍保障机制

建设一支高素质、多元化、专兼职的创新创业教育师资队伍，包括校内和校外师资队伍。积极组织教师参加高水平、高规格的创新创业教育培训，并邀请业内专家进校、进课堂开展专题讲座，以此开拓教师获得创新创业知识的途径。高校制订长期的师资培训计划，分批遴选相关教师参加创业进修培训，逐步提升创新创业教师队伍的理论水平和专业技能。聘请成功创业者、工商税务金融等领域的专业人士组成创业导师团，指导大学生创业实践，逐步建立和完善校内外指导教师专家库。

（三）拓展外部支持力量

高校创新创业教育获得长足发展，需要得到多方力量的支持和保证，如高校、政府、企业、科研院所等，形成多方建设、共同发展的良好局面。以"校企合作"为助推，拓展外部资源的广泛支持。尤其要与当地政府的相关行业部门加强交流和合作，积极争取创新创业发展环境优惠政策，形成学校、政府、社会三位一体的创新创业教育联动机制。可以通过"请进来"和"走出去"两种方式来保证支持体系的实现，"请进来"即邀请具有丰富经验的创新创业政府或企业人员进校讲座和定期授课，将社会工作中的创业知识技能融入大学理论课堂。"走出去"即组织教师、学生到具有创新创业特色文化的公司企业参观学习，取长补短，弥补自身的不足。

四、"链式"机制的现实意义

（一）增强高校创新创业意识，提升核心竞争力

高校创新创业教育"链式"机制有效促进学生的专业学习，培养创新精神与

创业技能，提升创业质量。在"链式"机制的促进下，延展学科竞赛的成效，培养与激发学生的创新思维、创业兴趣，锻炼与提升学生的创新创业能力，培养高素质综合型创新人才，提升学生的就业核心竞争力。

（二）促进创新创业教育与专业教育的融合

"链式"机制导向下，挖掘专业教育中的创新创业元素，培养学生的创新精神和专业素质，实现创新创业教育和专业教育的有机融合。引导和鼓励学生参加与专业相关的各类学科竞赛、创新创业训练，以赛促学、以赛促创，强化专业理论知识对创新创业教育的支撑作用。通过相关创新创业课程，进一步促进高校专业课程的深化改革和质量提升。

（三）构建创业生态链为创新人才培养提供有力保障

高校创新创业教育"链式"机制是将大学四年的思维启蒙教育、意识养成教育、能力提升教育、实践教育进行了有机结合，满足不同年级和学习层次水平的学生对创新创业教育的需求，充分发挥各链条主体作用，切实提升教育效果，实现了"一体化"人才培养目标。

随着国家和地方政府对创新创业项目的支持和建设，大学生和教师对"双创"的主动意识和热情亦日益高涨，综合能力素质在不断提升。高校应加快和完善科学规范、特色系统的创新创业教育体制，从根本上助推教育教学改革，加大创业教育软硬件方面的投入，培养更多符合时代要求的高素质创新创业人才。

第二章　高校创新创业教育模式研究

第一节　基于实践导向的高校创新创业教育模式

党的十九大将建设现代化经济体系列为我国经济发展的战略目标，强调加快建设创新型国家。这就需要高等院校能够根据市场变化适时调整人才培养方向，培育出更多的适应新时代发展需求的创新创业人才。我国高校创新创业教育不但起步较晚，而且存在着一系列突出的问题，尤其是忽视实践环节，造成重理论轻实践、实践环节形式化、理论教学和实践环节脱节等现象的出现，严重桎梏了大学生的个性和创新创业能力的发展。

一、高校创新创业教育中的实践缺失

目前，我国高校创新创业教育存在理论与实践脱节、实践平台短缺等问题，而这恰恰是几乎所有高校创新创业教育不可回避的关键问题。

（一）创新创业教育与学校的人才培养体系未能保持高度一致性

目前，我国高校创新创业教育仍然以操作、技能方面的相关活动居多，且多数在课外进行，还未真正融入学校的人才培养体系中，自然也与专业教育存在一定程度的脱节。造成这一现象的原因在于，高校在最初进行顶层设计时，没有充分地将创新创业教育统筹考虑在内，没有将创新创业教育列入学校整体发展规划之中。

有鉴于此，高校应将创新创业教育作为学校深化改革的着力点，并将其渗透于人才培养全过程。

（二）高等院校创新创业课程体系需进一步完善

首先，长时间以来，在大部分高校中，创新创业教育一直被置于"边缘化"的位置，其课程开设是零星的、不成体系的，课时较少，教学效果未能达到预期目标。其次，高校还没有清楚地认识到创新创业教育与专业教育两者之间的耦合性，未能将创新创业教育内容有效地融入专业教学中，造成学生无法将所学创新创业知识运用于现实创业实践中来。最后，创新创业课程的开展存在时间上与空间上的限制性。传统的学分制与授课方式往往使创业学生陷入两难境地。从事创业实践的学生尤其是项目负责人，普遍将主要精力用于创新创业项目实践，无法分身进行课程学习。

（三）高校创新创业教育实践环节的缺失

高校创新创业教育的最高级形式是创业实践，创业实践也是提升大学生综合能力的最有效路径。但是，目前我国高等院校普遍存在创业实践的资金投入力度有待加强、实践基地有待完善、校企合作效果不佳等问题，使得本就少得可怜的创新创业实践活动流于形式。

（四）高校创新创业教育忽视了为学生提供相关服务

一方面，高等院校中拥有创业经历的教师和"双师型"教师数量不足。教师自身实践技能缺失，无力开展相关课程的教学，不能有效地帮助学生提高实践能力和指导学生进行创新创业。另一方面，高校比较重视在校学生的创新创业教育，而对于刚踏入社会的毕业生关心不够，后续服务跟不上。其实，刚毕业的大学生在创业初期常常会遇到各种问题，自身又缺乏创业经验，因此更需要母校的帮助与支持。

二、基于实践导向的高校创新创业教育模式的优化路径

（一）加强创新创业顶层设计，强调实践育人思维

加强高等院校创新创业教育顶层设计，首先，满足学校深化改革、实现内涵式发展的需要，保持与学校人才培养目标和方案的一致性。其次，坚持以综合性、全局性为核心，在加强特色学科与专业建设的基础上，制定具有本校特色的创新创业教育模式。再次，凸显实践育人的能力，时刻关注政府、企业、社会以及学生的发展需求，并据此不断调试创新创业教育模式。最后，形成上至管理者下至一线教师、学生都重视创新创业教育的良好局面。

（二）优化创新创业课程体系，突出实践育人内容

1.改良创新创业具体课程结构，探索分阶段实训教学

第一，创新创业课程的改良应满足创新创业教育开展的目的，即提升学生的创新意识、创业知识、创业素质以及创业实操能力等，并据此开设相关课程，促进理论课程与实践课程的统筹协调。创新意识类课程开设的目的是激发学生的创意，培养学生收集信息与判断商机的能力，如创新意识与创新思维、大学生职业生涯规划等课程。创业知识类课程开设的目的是教授学生在现实创业实践中所需具备的知识，如企业融资、市场营销、公共关系等课程。创业素质类课程开设的目的是让学生掌握将一个个创意发展为创业行动的方法，如市场调研、典型案例分析等课程。创业实操能力类课程开设的目的是使学生在专业实践中体验创新创业活动，如模拟创业、创新创业项目等课程。以上四类课程构成了一个循序渐进的创新创业课程体系。

第二，高等院校应将创新创业课程贯穿于人才培养的每一个环节。具体来说，创新意识类课程与创业知识类课程可以设置在大学一、二年级，这样能够有效解决此阶段学生缺乏创新意识与创业精神的问题，引导他们根据自身专业背景、兴趣爱好决定职业生涯规划，从学习的迷茫中走出来，树立切合个人发展的职业理想。创业素质类与创业实操能力类课程可以设置在大学三、四年级，让学生在前两年专业

学习与创新创业能力培养的基础上，找到正确的创业方向，有针对性地开展创新创业实践活动，进而深入分析现实创业中可能遇到的复杂问题。

2.促进创新创业课程与专业课程有机融合，实现两种课程的无缝对接

一方面，将专业教育内容引入创新创业课程教学之中。创新创业课程应具备专业属性，紧扣专业特点，为不同学科与专业背景的学生提供更具针对性的创新创业教育，以满足市场对人才能力、素质、知识与技能的要求。

另一方面，将创新创业教育内容纳入专业课程体系。一是专业课程教学作为人才培养最重要的环节，应以创新创业教育为切入点，不断深化课程改革，构建"创新创业＋专业"的新型课程体系。二是以特色专业为基石，在彰显专业特色的同时，适时融入创新创业教育内容，打造属于各高等院校的创新创业教育特色。三是在对专业课程教材进行改编或者教师在对教材内容进行二次加工的时候，可以适当加入一些创新创业教育内容，使学生能够依托专业背景获得与之相关的创新创业能力。

3.采取"必修课＋选修课"的模式，引入在线创新创业课程

首先，拓展课程资源，构建"必修课＋选修课"模式。高等院校应坚持"广谱式"理念，面向全体学生开设创新创业课程；同时，根据学生的专业背景、所就读年级差别性开设多种课程种类，以供学生选修。

其次，当创新创业教育遇上"互联网＋"，便衍生出一大批包括慕课、微课、翻转课堂、网络公开课等在内的在线数字化创新创业课程，构建起以学生为中心的课程教授模式。这就要求学生主动进行课程预习，教师引领学生课上进行讨论，学生课后完成任务以巩固学习成果，从而使创新创业能力切实从课程教学中培养起来。

最后，探索多学科交叉、跨学科选课，扩大学生的知识面。

4.优化创新创业课程运行方式，提高课程开展的灵活性

首先，采用参与式教学、探究式教学、典型案例专题讨论等课程开展形式，突出学生的主体地位，吸引学生积极主动地参与到课程中来，解决大班教学学生参与度低的问题，提升学生的思辨能力与批判的能力。

其次，采用完全学分制，探索将学生进行创新创业活动的情况按一定比例折算为学分的方法，即经过"学生申请—任课教师批准—学生公开答辩—学生成绩合格"

这一程序后，学生能够在免修该课程的前提下获得相应学分。

最后，采用弹性学制，使学生根据创业的实际进展，分阶段完成学业，甚至可以让项目负责人休学保留学籍，延长其修业年限使他们安心地投入创业实践。

（三）构建创新创业"生态圈"，丰富实践育人方式

为了能够将各要素整合运用、促进创新创业价值的最大化，高等院校应探索"多位一体"的创新创业"生态圈"，以发挥多元育人方式的集约效应。

一是拓宽实践平台，促进创新创业项目"落地开花"。高等院校应借助政策优势，加大投入力度，建设创业基地，搭建众创空间，统筹政府、社会等多方力量，为大学生参与创新创业实践拓展空间。

二是开发校友资源，发挥校友的示范引领作用。高等院校应建立与完善校友会，定期组织校友之间以及校友与在校生之间的交流活动，这样在增进彼此感情的同时，也能帮助在校生解决有关创新创业的困惑；邀请校友回校，使其将自己的创新创业成果与经验分享给在校生，为在校生创新创业活动的开展注入"强心剂"；发挥校友的榜样力量，邀请他们来校担任兼职就业导师。

三是深化校企互动，引入社会第三方合作。一方面，高等院校可以加强与企业的深度合作，发挥成功企业家的榜样力量，邀请他们担任创业导师或兼职教师，为学生带来真实的创业经历与经验分享；发挥科研优势，引企业入校，校企合作共建科研机构，从而为学生带来更多的实践可能；拓展合作渠道，将教学场域拓展到企业。另一方面，高等院校可以加强与社会第三方的合作，如社会组织，为学生创新创业项目提供资金支持、项目评价等。

四是丰富社团活动，发挥创新创业大赛的培育功能。一方面，高等院校积极支持建立高校创新创业社团，并加强对其管理，使其能够规范、健康地运作；另一方面，高等院校积极组织学生参加各类创新创业大赛，培养学生利用专业知识解决实际问题的能力，提高学生的创新创业能力。

（四）完善创新创业"一站式"服务，强化实践育人作用

第一，高等院校应加强专兼职教师队伍建设，促进教师理论水平与实践能力的同步提升。例如，聘请创业成功人士或校友来校担任专兼职教师，并承担起为在职教师提供相关培训的工作；搭建学习交流平台，让在职教师有更多的机会去企业挂职，从而能够更好地开展创新创业课程教学；将创新创业教育开展情况纳入教师考评。

第二，高等院校应为学生提供"一站式"创新创业服务，保障学生创新创业活动的顺利开展。例如，完善高校创新创业指导中心的职能，学生在创新创业过程中遇到问题时，知道该去哪里寻求帮助；完善信息服务体系，使学生能够及时获取外界信息，实现内外联动，强化实践育人；完善对刚毕业大学生创业实践的跟踪服务，为他们提供及时的帮助，引导他们度过创业初期的困难。

实践活动与高校创新创业教育之间存在一定的内在耦合性。实践活动不仅丰富了学生的课外生活，使创新创业的"种子"在实践的"沃土"上生根发芽，而且使学生提升自身的创新创业能力，为今后的职业生涯发展奠定良好的基础。基于高校创新创业教育中的实践缺失现象，从实践育人的思维、内容、方式、作用等方面出发，探讨加强顶层设计、优化课程体系、构建"生态圈"、完善"一站式"服务等高校创新创业教育模式的优化路径，以期促进高等院校创新创业教育发展。

第二节　分享经济时代高校创新创业教育模式

目前高校是我国培养创新创业人才的一个重要的地点，很多高校都开设了创新创业课程来提高大学生创业的积极性，从目前的发展现状来看，很多高校的大学生创业意识已经得到了较大程度的增强，但是大学生的创新创业的经验及社会经验都比较缺乏，因此大学生在创新创业过程中仍旧会面临很多的问题，大多数大学生的创新创业成功率比较低。

一、分享经济时代高校创新创业教育的必要性

（一）创新是国家建设的需要

创新是一个国家发展的动力，在国家发展的历史长河中，一个国家的科技要想得到发展就必须要勇于创新。目前的国际竞争形势非常激烈，国际竞争的实质就是人才的竞争，一个国家要想提高自身的科学技术水平就必须要有大量的人才。学校是培养人才的场所，学校的主要任务就是培养有能力、有想法的人才，这些人才能够满足现有社会发展的需求，并具备一定的创新创业能力，能够利用自身的知识优势来为国家做出更多的贡献，推动国家的科技进步，从而进一步地为国家的发展做出自己的贡献。

（二）提高高校资源利用率

目前，我国高校的资源分配存在着不平衡的问题，主要表现在软资源的分布十分不平衡。很多高校花费大量的人力和物力来加强高校的硬件资源建设，但是与此同时却忽略了高校的软资源建设，这种发展的不平衡也导致高校的资源利用率非常低。与此同时，这些高校的人才质量也存在较大区别，人才的数量与人才的质量分布非常不平衡，随着近些年来高校的扩招，高校的学生数量在不断增长，但是高校的学生质量却没有随着数量的增加而提高。为了解决这些问题，高校必须要对自身的制度进行改革，将改革理念落实到学校的制度建设中，保证学校的学生质量的提升。

（三）提高高校人才培养质量

相关的数据调查结果显示，大多数学校的毕业生在学校里学到的知识很难满足社会的需要。很多学校在对学生的培养过程中，都会强调理论知识的学习，而在一定程度上忽略学生在实践中获得知识的办法与能力。这种现状也造成了大多数学生实践动手能力比较弱，因此高校必须要加强学生实践动手能力的锻炼，在重视学生理论知识学习的基础上加强实践能力的培养，为社会提供更多高素质、高能力人才。

二、高校创新创业教育的内涵

（一）创业靠创新来推动

一个好的想法变为现实，必须要落实在具体行动中，创业是靠创新来推动的，想把脑中的创新意识转化为现实成果，就要通过自主创业的方式来完成。进一步明确创业的思路与模式，与时代的经济情况相接轨，站在时代的最高处思考，找到最可能的出发点来行动。

（二）创新创业体现价值

创业指的是能够进一步地增加经济价值的一种开拓性的活动，创业能够把各种想法转变成现实的经济财富，要想达到最终的目的，就必须要通过各种方式来使想法变为现实，通过各种行动来更好地达到为社会服务的目的。

（三）创新靠创业来深化

大多数的创新成果，比如各种创新的理念都是通过行动来推动实施的，创业能够把各种理念不断地深化，在这个过程中把各种想法和意识进一步强化，如果创业能够成功也会在一定程度上推动国家的创业创新事业的发展。

三、分享经济时代高校创新创业教育存在的问题

（一）高校对创新创业教育的认识不到位

目前，我国很多高校开设了创新创业教育课程，这些教育课程有着非常重要的地位。但是从目前来看，大部分高校并没有把创新创业教育能力的培养当作工作的一部分，创新创业教育被看作一个孤立的教育方式。与国外的一些发达国家相比较，我国的创新创业教育起步比较晚，由于思想观念的限制，很多学校开设各种创新创业教育课程较晚，这导致现在大部分高校教师和学生对创新创业教育的认识还不够，

导致了创新创业教育发展缓慢。

（二）创新创业教育形式单一

近年来，很多学校都通过设置选修课的方式来开展创新创业教育，但是这种教育方式的缺点是课程设置比较单一，而且课程比较枯燥。一些学校设置了大学生就业指导的课程，但是在这些课程教学过程中往往是教师根据企业管理的内容来讲授，课堂教学的案例大多数都是一些成功企业家的经验，这些成功经验很难在大学生创业过程中得到应用。教育方式都非常单一，甚至只停留在一些创业计划书的撰写层面，很多学校没有一个系统完善的创业实践环节，这种现象导致很多大学生的创业素质不高，很难适应现在社会发展的需要。

（三）师资不足导致创业教育偏理论化

目前，我国大部分高校的就业指导课程大多数都是由高校负责学生工作的工作人员来讲授的，他们在上课时大多也都是宣传一些就业政策和就业形势等知识。这些教师在上课时都有一个共同的特点，就是单纯讲授理论知识，因为他们自身都缺乏创业的经验和经历。但是创业教育必须要重视实践，如果讲授人没有自身的实际经历做对照，就无法把握创业的精神实质。

（四）大学生自身问题，导致创业成功率低下

很多在校的大学生缺乏各种管理知识和法律意识，很多学生都是在学校学习了专业基础课知识而缺乏实践能力，这种现状导致大学生创业的成功率非常低。其实创业成功必须有资源的支持，各种人脉资源、智力资源、产品资源等，都是创业成功的重要的保障，但是大学生在创业过程中都是只拥有一个好的想法，而只有一个好的想法就匆忙创业很难成功。

四、分享经济时代高校创新创业教育模式的发展路径

（一）以创新创业教育理念构建人才培养体系

1.转变观念，明确自己的定位

各个高校的教师和工作人员都必须要把创新意识和创业精神的培养作为教学过程中的重点，在大学生培养过程中应当同样注重培养创新意识。创业创新教育是一种综合的素质教育，它的主要目的是为社会培养更多的人才，培养更多的综合性人才来为社会发展贡献自己的力量。

2.加大宣传力度

目前，高校是高校创新创业教育实施的一个最好的平台，因此，创新创业教育理念也应当在校园文化建设过程中占据一部分。学校提高学生的创新创业素质，也可以通过举办各种活动来实现。比如可以举办各种创新创业大赛来鼓励学生积极参加创业，通过新的方式来增强学生的创新意识和创业意识，让创新创业教育文化渗透在校园文化的每一个地方，让创新精神和创业精神成为校园文化的重要部分，培养学生的校园文化意识进一步影响学生的观念，以此来提高学生的创新创业意识和能力。

（二）深度融合创新创业教育与专业教育

1.将创新创业教育纳入课程体系

目前，我国大多数高等学校的创新创业教育都是以课外活动为主，大多数课程都以开讲座的方式来进行。这种教学方式很难提高教师和学生对创新创业教育的重视程度。因此，学校可以对创新创业教育模式进行改革。可以把创新创业教育课程设置为学校的必修课，用更强势的方式来加强学生创新创业理念的形式，让学生在对课程的学习过程中逐步形成创新创业的意识和理念，从而把这些想法转化为实际行动，鼓励学生在毕业以后能够开展各种创业活动。

2.形成一种新的创新创业教育课程模式

目前，我国的很多学者都认为应该把创新创业教育融合高校课程设置，但是在具体的实施过程中，这种更加详细的融合会陷入一定的困境。把创新创业教育与专业教育全面综合起来，就必须要对现有的教学体系进行全面变革，这种变革需要大量的人力物力，也需要大量的时间和精力。在这种体系构建的过程中很容易形成不平衡的局面，很多学校在变革的过程中很难准确地调整好创新创业教育的地位，大多数学校也会在一定程度上忽略专业教育的地位。因此，要想这种新的课程模式得到最终的实施，就必须要对各个细节进行更多的推敲与完善。

（三）加强创新创业师资队伍建设

高校要建设创新创业教育的师资队伍就必须对教师提出更加严格的要求，这也需要教师有更加强大的知识背景和能力。因此，教师必须具备一定的创新创业素质。

1.加强创新创业教育教师队伍建设

高校要对教师的能力有清楚的认知，应当根据学校的实际情况组建一支种类更加齐全、结构更加合理的专职教师队伍。这些教师必须要拥有扎实的基础知识，同时也应当对本专业领域的各种创新创业实践案例有自己的理解，教师也可以将这些创新创业实践案例融入专业课的教学过程，让学生在掌握专业知识的同时，增强自身的创新意识和创业意识。

2.形成校企合作的良好教学模式

学校可以从各种企业和事业单位聘请一些具有实际工作经验的高级技术人才做学校的兼职创新创业课程教师。这些兼职教师有较强的实践能力，他们可以更加专业地解释学生在课程的学习过程中遇到的各种问题。这些单位也可以给学生提供对应的实习机会，让学生通过在企业内参加各种实践工作来加深对企业经营的了解，这种方式更加有利学生日后创业工作的开展。

（四）提高创新创业教育实践水平

高校创新创业教育水平的提高不仅需要国家各种政策的支持，也需要政府加大资金的支持力度。政府可以设立一些专项的资金供大学生创业所用，通过这种方式鼓励更多的大学生进行创业活动。政府可以通过各种方式支持学生参与相关创新创业项目，对大学生创业过程中遇到的各种困难，也应当尽可能地提供相应的帮助，鼓励更多的大学生实现自己的创业梦。学校也可以与当地的各个部门进行沟通，了解当地的经济发展需求与特点，为学校内部的各种创业人才提供更多的参考意见。学校应当鼓励学生在加强理论知识学习的同时增强自身的实践能力，深入实际工作环境，为自己日后的创业积累更多的经验。

目前，我国的很多高校为了鼓励大学生创业设立了创业基金，学校也从很多方面尝试营造校园创业文化，希望通过这种方式激发大学生创业的积极性。通过开展各种高校创新创业教育活动提高大学生的创新创业素质，大学生创业活动能够在一定程度上缓解我国目前的就业压力。但是目前我国的高校创新创业教育事业仍处于起步阶段，有着很大的发展空间。因此，高校也应当从不同层面来发掘创新创业教育的模式和途径，激发学生创业活动的热情与积极性。

第三节　校企合作视域下高校创新创业教育模式

随着经济的发展，越来越多的大学生改变了传统的就业观念，加入了创业的行列，但是一些大学生的创业理论较为落后，很难满足实际操作的需要。因此，为了解决这一问题，很多学校通过与企业合作的形式来对大学生进行创新创业的指导，以提升大学生的创新意识和创业实践的能力。

近年来，随着大学生就业压力的增长，求职的压力越来越大，导致很多大学生毕业后都选择了自主创业。为了帮助学生树立正确的创业观，很多学校都开设了就业指导课程，通过案例分析对学生进行引导，与此同时，还与一些企业进行深度合作，以便更好地将理论与实际相结合，联合创办一些创新创业基地，为学生提供资金和技术上的支持，帮助大学生完成角色转变，鼓励大学生创新创业，加强大学生的创新意识，提高大学生创业成功的概率。

一、校企合作视域下创新创业教育的必要性

（一）实现人才培养的目标

教育的目的在于人才的培养，通过人才的培养推动技术的发展创新，从而推动我国科技的发展，建设创新型国家。近年来，国家提出了以创业带动就业的发展理念，因此，高校需要通过创新创业教育，引导一些劳动者变成创业者。对传统的教学模式进行创新，必须面向应用、市场、社会，积极与企业合作，完成学生能力的转化，形成一站式的人才培养模式。校企合作下的创新创业教育，能够使学生认识到创业的重要性，激发大学生创业的积极性，从而完成人才的培养工作，促进大学生的全面发展。

（二）提高教师队伍的水平

针对高校创新创业教育教师水平较低的情况，学校通过与企业进行互动合作能够有效解决这个问题，在合作的过程中，企业不仅可以对大学生进行指导和培养，对任课教师也可以进行培训，建立可持续发展的培养机制。在国外，很多大学教师都有创业的经历或者公司工作的经验，深谙企业运营和管理之道。创新创业的教育需要丰富的阅历与经验，教师个人的经历决定着课程的效果，因此，在建设教师团队时需要注意实践的问题。与企业进行深度合作，除了可以对教师进行培训，还可以聘请企业中的一些专家担任学校的兼职教师，这极大地提升了教学的专业性与时效性，保证了创新创业教育的质量。

（三）激发大学生创业的兴趣

近年来，国家对大学生创业越来越重视，出台了很多政策，以鼓励大学生进行创业。但由于传统观念的影响，大学生创业的意识还是比较薄弱的，并没有形成创

业的风气，自主创业并不在大学生的职业规划中。因此，需要在校园中形成良好的创业风气及文化，使得大学生产生创新创业的意识，充分调动大学生创业的积极性，学校可以通过与企业合作，开展一些培训活动，举办创业大赛，将企业作为学生创业的一个实战演练场所，让大学生与创业近距离接触，改变大学生的择业观念。从而使大学生将创业作为职业规划中一个重要的方向，发挥大学生的主体作用，从根本上解决大学生创业比例低的问题。

二、校企合作视域下高校创新创业教育模式的构建

高校教育是培养人才的重要环节，企业需要提高自己的参与度，发挥自己在应用型人才培养中的主体作用，充分整合优化自身的资源，与高校的优势相结合，为大学生培养创新意识及创业能力打造一个更加完善的平台。校企合作开展创新创业教育可以从以下几个方面出发：

（一）建设实训基地

为了更好地开展创新创业的教育，高校应与企业合作，建设一些创新创业实训基地，从根本上解决大学生创业难的问题。虽然很多大学生都有创业的想法，但是因为对创业的流程并不是很了解，对项目的选择、资金的筹备、场所的租赁等都无从下手。因此，高校与企业合作建设创新创业实训基地具有十分重要的意义，高校为实训基地的发展提供技术上的支持，而企业则需发挥其在经济上的优势。通过两者的合作，可以为大学生创业解除后顾之忧。实训基地还可以为大学生提供实训的机会，使学生得到企业专家的指导，有效解决传统创业教育中教师创业经验过少的问题。除此之外，企业还可以与高校合作，开展一些创业项目，使大学生参与进来，在实践中积累经验，激发创业灵感。

（二）企业开发课程

为了更好地开展高校创新创业的教育工作，高校应该加大与企业的合作力度，

尽可能与企业的优势相结合。传统创业教育的课程设计中，存在很多不合理的地方，单调乏味的案例分析，枯燥的创业流程，都会降低大学生的创业兴趣。因此，高校应让企业参与创业课程的开发工作，提升创业教育课程的实用性，结合不同专业的特点，设计个性化的创新创业教育课程，通过高校教师与企业专家的交流与探讨，将优势融合，优化教学方法和教学模式，企业还可以开发一些网课与软件，提高大学生自主学习的积极性，通过网络平台来提升自己的创业能力，使大学生对创业的各个阶段都有一个全新的理解，逐渐消除大学生对于创业的恐惧，使其熟悉创业，爱上创业，为未来的创业活动打下坚实的基础。

（三）搭建孵化平台

在高校与企业的合作过程中，还需要与时俱进，为大学生提供更多的创业平台。创业教育模式建设的最终目标就是孵化平台的搭建。高校中有很多管理能力和创新能力都很出色的大学生，苦于没有平台施展自己的抱负。而高校与企业的合作，恰好能够解决这个问题。孵化平台的作用就是为创业项目提供孵化服务，通过企业来为大学生创业提供资金上的帮助，主要形式有项目合作、资金注入等。在企业为大学生提供帮助的同时，高校还会对学生创业提供技术上的扶持，这种双管齐下的发展模式极大地提高了大学生创业的成功率。因此，孵化平台在大学生创业过程中发挥着不可替代的作用。

高校与企业合作，通过创新创业教育的开展，大力培养创新型人才，是一种以市场和社会需求为导向的发展模式。充分结合高校和企业的资源优势，帮助大学生提高创新创业的能力，为大学生创业提供良好的环境。与此同时，国家也要大力支持大学生自主创业，通过推行一些优惠政策，鼓励大学生进行创业。总之，只有形成大学生、高校、企业、国家的发展网络，才能提高大学生成功创业的概率，更好地为校企合作下的创新创业教育提供动力，形成良性循环。

第四节 "双创"背景下高校创新创业教育模式

在国家提出"双创"的背景下，创新和创业被广泛重视，创新和创业教育也被高校列为重点。在大学生的创新创业教育中，需要国家和社会各界的共同努力，要提供一些必要的政策来扶持创新创业的教育工作，社会各界也需要密切关注学生的创新创业教育，给学生创造更好的社会环境，学生也需要提高个人的水平，共同推动创新创业教育的发展。

在新的背景下，创新和创业应该成为我国的发展理念当中的关键词，创新创业教育模式的开展不仅仅是为了给国家培养创新型人才，更是为了推动社会和国家综合实力的发展。

一、"双创"背景下学校进行创新创业教育的必要性

"双创"教育模式是符合国家的发展的需求的。自从创业和创新的理念发布以来，国家就越来越重视"双创"型人才的培养。在之前，大学生毕业之后，很多人会选择稳定的工作，比如考取公务员或进入事业单位等，这样的方式虽然能够让学生有稳定的工作，但他们能够对国家做出的贡献是比较有限的，选择在企业工作的学生也是如此，并不能给企业带来可观的效益，所以，创业和创新教育显得特别重要。

（一）有利于提高学校的教学的质量

经济发展越来越快速，很多学校都扩招学生，但是教育的质量却没有从根本上提高，一些重点大学的教学制度是相对比较完善的，师资也比较丰富，所以在质量上没有太多的影响，但是，我国的学校还是以普通大学居多，它们在自身教育的制

度并不完善的时候就进行扩招，缺乏一些特色型的专业，这就使得很多学生在毕业的时候面临比较大的就业压力，并且还会因为专业无特色、专业水准不高而被企业淘汰。所以，各个高校应该在"双创"的背景下，重视创新和创业的教育，注重培养有理想、有胆识、有知识的创新型人才，重视"双创"的教育模式，不仅仅能够改革学校的教育制度，还能够减缓学生的就业的压力，提高学校的教育的质量。

（二）有利于提高个人的素质和能力

在互联网技术发达的背景下，学生大多数都比较有个性，但是在社会中生存的能力就比较差，创新和创业的知识水准比较差，也没有能吃苦的精神，所以在社会上很难立足。大学生毕业以后找不到合适的工作，这不仅仅和专业知识有关，主要还是因为学生的其他素质也相对较差，比如眼高于手，且工作的理念出现问题，想要创业的学生往往也是因为自身创业方面的知识不够而失败。因此，学校重视创新创业模式的教育，能够在一定程度上提高学生在创新创业方面的专业素养，让学生能够有自己的专业特色，提高学生的创造、沟通和思考、合作的能力等。

二、在"双创"背景下，创新创业教育发展的建议

（一）转变就业的观念，鼓励学生参与创新和创业

在发展的二十一世纪，不管是在社会上还是在学校里，都要重视创新创业教育，创新创业教育，不仅能够提高学生的知识水平，还能够培养学生吃苦和冒险的精神，所以，学校和社会都应该抛弃原有的就业观念，可以通过学校举办创业比赛的方法，不断地鼓励学生积极参加创业，增强学生对创新和创业的认识。

（二）全面提高大学生的综合素质与能力

当今的大学生只有部分学生很积极地去参加创新和创业，但是，多数情况下会因为自身缺乏综合的能力而失败，所以大学生自己要有思想和觉悟，不要因为外界的干扰轻易放弃创新和创业，要全面地提高自己的综合的能力，比如：沟通、冒险、

独立思考等等能力，同时还要具备专业的技能等，不仅仅是学生自己要注重，高校也要注重这些能力的培养，为以后的创业和创新打下基础。

（三）完善创新创业教育的管理机制

完善创新创业教育，学校需要完善管理机制，明确各个部门的职责，不仅要各司其职，还要加强沟通，定期整合教育的资源，定期讨论管理机制中的问题和优点，不断完善管理机制，井井有条、完善的管理机制是创新创业教育开展的关键。

（四）强化师资的力量，提高教师的专业水平

教师的专业能力影响着学生的专业能力，所以，要想培养出创新和创业的能力强的学生，就必须要提高教师的专业的水平，学校可以聘请一些专业的人才到校内进行授课，也可以培养学校里的教师，定期对教师的授课水平进行检测，及时做出修正，定期进行创新和创业的知识讲座，不仅能提高教师对创新和创业的认识，还能够增强学生的认识，还要注意的是，不仅要提升教师的专业水平，还要促进教师的思想的转变，摒弃传统的教学观念，树立新的以创新和创业为主的观念，重视实践。

（五）政府和社会为学生创造良好的创新和创业的环境

政府要不断完善政策制度，在政策上支持学生的创新和创业实践，可以为学生提供免息贷款，或者是资金补助，在资金上全面扶持学生的创新和创业活动；社会应该多为学生提供学习的岗位，安排学生参与人事管理等，切实帮助学生了解社会，了解管理工作等，在工作过程中引导学生明白创业的风险性，为学生顺利进行创新和创业活动打下基础。

创新创业教育模式发展的过程中还存在着一些例如实践效果不佳、创新创业环境差、教师专业能力相对较差等问题，所以教育模式也要不断创新，政府要加强监督的力度，落实创新和创业的教育模式的开展；学校要尽量开展知识讲座和课程，让教师和学生的认识共同提高，通过不断的完善和发展，才能发挥"双创"模式的积极作用。

第三章 高校创新创业教育的创新研究

第一节 高校创新创业教育与社会教育的融合

创新创业教育是西方国家在 20 世纪 80 年代中期提出的一种全新的教育模式，创新创业教育的目标是使学生具备两创技能、两创知识、两创能力、两创精神，培养创业型人才，实现大学生毕业后自主创业或创新性地自我发展。创新创业教育在30 多年的发展过程中，成为具有多样性、灵活性及普及性的系统成熟的特色教育模式，并在实际操作中取得了巨大成功。社会教育就是指在人类社会的生产生活中，促进身心发展的各种教育性因素的总和。这个总和不仅包括在社会生活中，人类在耳濡目染中所获得技能、知识及道德启示，还包括一切社会团体、社会机构及个人对社会成员所进行的有组织、有计划、有目的的教育。社会教育内容多样性、开放性及普遍性。

随着我国经济的高速发展，单一的教育模式已经完全无法实现高质量人才的培养要求，加上现阶段我国在高校创新创业教育方面还是较为薄弱的，如何通过社会教育培养激发出学生的创新创业能力，将二者有机结合起来，已成为我国高等教育迫切需要解决的难题。

一、高校创新创业教育与社会教育相融合的必要性

（一）是快速推进高校创新创业教育的内在需求

高校创新创业教育是需要长期坚持的，教育的最终目标是为社会培养出能够自主创新和自我创造的学生，最大限度地挖掘学生潜在的智力价值。在构建高校创新创业教育与社会教育相融合的人才培养模式中，要在综合学生自我已有的知识和能力的基础之上，以社会教育作为着手点，保证在人才培养过程中绝对不能脱离社会这一指定目标而独立存在。在很大程度上高校的教育决定了学生的知识结构和思维模式，而学生首次选择的创业方向又会间接或是直接地受到个人所拥有的知识及思维模式的影响。因此，只有大力发展高校创新创业教育与社会教育的融合，才能更好地提升学生创新创业的实际操作能力。所以说，创新创业教育的基础是社会教育，紧密融合社会教育是加速推进高校创新创业教育的内在需求。

（二）是社会教育发展的必然结果

高校创新创业教育与社会教育的互相融合，可以实现将学生由校内课堂训练所得的创新创业理论成果更好地运用于具体的社会实践。现阶段，高校单一的教育模式限制了学生知识范围的扩展，束缚学生的创造能力开发，导致培养结果的无差异化。创新创业教育不仅有利于提高学生的综合能力和素质，还有利于对学生创新、创造思维的加强，更好地培养学生个人的创新、创业精神。从这个角度来看，实际上创新创业教育是对社会教育的进一步拓展和丰富，所以说，将创新创业教育与社会教育融合是发展必然选择。

（三）是创新型人才培养的客观要求

当前我国高等教育正处在由大众化向普及化发展过渡的阶段。教育规模的大幅度提升，导致毕业生的质量参差不齐。在人才招聘中，社会企事业单位不仅要求求职者的综合能力、综合素质及潜在价值，同时也会关注毕业学校和学历，并作为首

要参考条件。如此致使大多数毕业生在求职时频频受挫。当下是知识经济高速发展的时代，社会急需创新型人才来增添发展动力，然而，面对这一社会现实，高校传统的教育方法、教学理念及教学框架已经完全不能培养出多样化、多层次的人才。因此，高校创新创业教育与社会教育相融合会进一步推动社会所需创新型人才的培养。

二、高校创新创业教育与社会教育融合发展的现状

作为培养人才的一项重要举措，现阶段的创新创业教育已经逐步由国家引导向高校自觉主动作为过渡。在十多年的发展进程里，各大高校均已探索出各具特色且符合自身实际的创新创业教育的模式，且成果累累。如中国人民大学为提升学生的综合素质，构建学生创业所需的知识结构体系，通过结合校内的创新创业教育与校外的具体社会实践的方式来有目标地培养学生的创业意识；河北大学组织学生开展实验研究、社会调查等，并结合实施高校创新创业的实践行动计划，提升大学生的创造精神、创新意识及创业能力；北京航空航天大学鼓励学生积极参加各种类型的科技竞赛，并模拟建立了社会创业园，且提供相关咨询服务和基本的启动资金的资助等。总之，现阶段的高校创新创业教育已经发展得非常常态以及样式繁多，已经成为高校教育中不可缺失板块。

但是，通过对上述高校创新创业教育实例的具体研究发现，其教育模式仍以理论为主，在其实际教学过程中，高校创新创业教育与社会教育还是相互独立的。具体有以下四种表现：大多数高校的创新创业教育课基本是毫无体系的公共课，有关课程又多为零散的且数量还不足，严重脱离社会教育，并且在教学过程中，创新创业知识的教授并没有得到有效地保证；创新创业教育与社会教育相融合所需的培训基地、师资队伍等资源严重不足，此现象严重地阻碍了高校创新创业教育的推进及优秀创新创业成果的产出；在高校的人才培养方案中并未包括创新创业教育的教授计划，因此高校对创新创业教育并未有细节的规定和学分要求；高校在创新创业教育工作的展开上，主要体现在科研训练项目、相关创新创业教育系列讲座及学术科技作品大赛等。基于以上事实的阐述，说明高校创新创业教育确实是独立于社会教

育的，而且一时很难有效地打破二者的分离状态。

三、高校创新创业教育与社会教育相融合的对策

（一）打破教育理念上的障碍

创新创业教育是高等教育自身发展和为适应社会经济发展需要所产生的教育理念，各大高校已经逐步认同并广泛关注到了其所具有的教育价值及国家人才培养的重大战略意义。创新创业教育主要是为了培养学生的创新创业能力、精神及自我意识，关键在于塑造学生的创新创业思维，进而提升学生的综合素质。社会教育就是指在人类社会的生产生活中，促进身心发展的各种教育性因素的总和。这个总和不仅包括在社会生活中，人类在耳濡目染中所获得技能、知识及道德启示，还包括一切社会团体、社会机构及个人对社会成员所进行的有组织、有计划、有目的的教育。为学生尽快进行社会生产实践做准备。在科技、经济迅猛发展的今天，高校不能仅仅局限在传统的教育框架中，要想更好地履行服务社会的职能，就应该将创新创业教育与社会教育相融合，因为对学生而言，是交错影响、相辅相成的关系，前者为后者打下了良好的理论基础，而后者是前者的实现助手。二者在高等教育中有着相同的作用，其关键任务均是更好地服务社会发展，但现阶段不能忽视的一个事实是，高校创新创业教育与社会教育联系得并不像想象中的那么紧密，高校的大部分领导、教师、学生认为社会教育完全不能融合到创新创业教育中去，否则不仅会造成人才培养计划失败，还会打破传统的教育结构模式。高校对创新创业教育与社会教育在概念本身解读上的偏差以及对融合发展重要性的忽视，定会给高校创新创业教育与社会教育的融合发展进程增加一定的难度。

（二）打破教育资源上的障碍

首先，作为教育的常用方式，在培养人才的过程中，绝不可忽视课程的重要性。据调查显示，大多数高校均以开设"创新工程实践教育""创业基础"等创新创业课程作为实施创新创业教育的第一路径，但由于此类课程的课容量有限，加之高校

又以选修课的形式为主，所以也就造成了只有少量学生学习的结果。此外，已有课程往往又开设得很随意，课堂上的教学内容仍停留在系统性的创新创业理论知识教授的层面，完全脱离了具体的社会实践活动，只是成为高校的"面子工程"。

其次，高校创新创业教育课程的基础源于教材，但是现阶段高校在建设创新创业教育课程的过程中发现，创新创业教育方面的典型指导教材是严重缺失的。教材的缺失造成高校在短时期内很难开设所有创新创业教育课程，更不要说进一步与社会教育的融合。即便是在已开课程中，教师也未能给学生提供可以参阅的书目，在课堂教学过程中，学生仅仅是在被动地听课，而非积极主动地求知。所以说创新创业教育指导教材的缺失，严重阻碍了创新创业教育与社会教育的融合。

最后，由于创新创业活动是富有很强实践性的活动，所以为了加强实践教育，高校应注重社会实践基地的建设。现阶段，我国高校仍以理论教育为主，致使学生不仅在实践过程中的操作能力较弱，而且社会实践的机会也是少之又少的。由于传统的教育通常重理论而轻实践，加之又未能与社会企业建立"校企联合培养"的协作关系，最终致使学生的创新创业思想只能封闭于象牙塔中或是停留在理论上可行的局面。社会实践基地的缺失，使得学生接触社会的机会、场地、平台等均无法得到保证，致使高校创新创业教育难有成效。

（三）打破教育环境上的障碍

创新创业教育的环境会默默地影响学生的发展方向。高校所创造的创新创业环境对学生而言，是会影响到其在创新创业教育实施过程中的积极性的。在现阶段高校创新创业教育的过程中，学生被动地创新创业，这与发挥学生主观能动性和自我创新的创新创业教育的核心理念所要求的是完全相反的。各大高校举办的有关创新创业教育方面的讲座或是比赛等大多抛开了社会实用性，加之教育资源的倾斜，面向全体学生的创新创业教育也就成为大空话。高校在创新创业教育过程中，缺乏对学生的支持与激励，更缺少推进创新创业教育与社会教育相融合的实际有效的措施。总之，高校缺乏对创新创业教育的舆论宣传及教育环境的建设，致使学生很难体会到学校在创新创业教育上所营造的氛围，这必然会严重影响创新创业教育与社会教育的有机融合。

（四）打破制度管理上的障碍

高校创新创业教育的顺利开展需要有完善的规章制度作为基本保障。这就要求高校在教育教学的各个环节中加入创新创业理念。创新创业教育具有跨学科性、实践性及综合性等特点，所以必须建立健全相关制度，才能更好地推动其与社会教育相融合。我国大多数高校已在不同程度上开展了创新创业教育，但并没有与社会教育形成统一完整的教育教学体系结构，而仅仅是作为指导大学生就业的选修课。其原因在于，高校未能建立并完善跨学科制度、未能有效地实施创新创业学分制度、未能及时改善创新创业教学管理制度等。

创新创业教育的地位与职业教育、学术教育是一致的。现阶段，我国高校创新创业教育与社会教育相融合的趋势越来越显著，当下创新创业教育理论与实践研究的难题是如何有效对接并推进创新创业教育与社会教育的有机融合。毫无疑问，高校创新创业教育与社会教育的融合在短时期内是难以完成的。高校必须积极采取有关措施打破教育理念、教育资源、教育环境及相关制度管理上障碍，为国家和社会培养出更多的创新创业型人才。

第二节　基于创客教育的高校创新创业教育革新

在大学生创业领域中，拥有创业精神和创业意识属于一种必然因素，但若要完成创业举动，只有上述两种元素远远不够。创客精神就是建立在创业活动上的概念，其重视对创业观念的落实和呈现，如若高校能够将创客精神融入"双创"教育体系中，那么便可以大大提升"双创"课程的有效性。

一、创客教育的定义及其与"双创"教育的关系

（一）创客教育的定义

创客实际上指的是能够将内心想法付诸实际的人，这些人可以是梦想家、创意者，也可以是设计人员。他们拥有一个共同点，那就是既能够产生对行业进行创新的创意，又有能力和意识将想法实现。而创客教育相对简单，就是以培养创客为主的教育教学行为。当前国内高校虽然并未开通专门课程来培养创客，但创客教育也被融入其他教育教学中，达到一种融合的教育效果。

（二）创客教育与"双创"教育的关系

创客教育的实现具有两个要素，第一是专门的教育教学人员，第二则是创客空间。创客空间是一种虚拟形态的空间要素，其存在于实体空间，不会与外界完全隔离，但会在教育教学范围内创设一个相对稳定和专一的研讨空间。创客空间的定义重点在于开放实验，意在吸收所有具有创意天赋和创造能力的人。人们可以在创客空间内进行交流或吸取他人意见，从信息交流的这一特征来看，创客教育实际上与高校所进行的研讨教学形式存在一定的共通点。创客教育对受教育人才没有特殊要求。创客教育所面对的受教育人员基本分为三类：第一类为拥有创意，且想要将创意实现的人；第二类为具有创客潜质的人；第三类则为即将负责"创客教育"的教师。可以说，创客教育基本可以涵盖所有条件的社会人才。因此，在高校环境中应用创客教育这一新型教育方式，可以保证创客教育与高校的教育教学体系完美融合。

创新创业教育体系所需要培养的人才为拥有创业能力和创新能力的人才。创新与创意实际上存在一定的差别，但创新可以被包含在创意的范围内，国家将重点培养具有创新思想的学生，而创新思想必须要建立在对社会以及专业有所见闻的基础上。故我们可以说，创新创业教育就是创客教育中的一分子，可以为"双创"教育提供专业的教育经验辅助。

二、在"双创"教育中应用创客教育进行改良的优势作用

（一）创客教育可辅助"双创"教育提升成功概率

"双创"教育从性质上看具有一定的"概率特征"，即高校培养出相对专业的创新创业人才，而当他们完成学业后，是否能够在创业的舞台中占有一席地位却无法进行准确的预测。从实际情况中看，的确有部分拥有完善创业精神和创意的学生会在毕业后放弃自身很有可能会成功的创业创意。这种有价值的创意一旦未能进入创业领域中，也未能传递给他人后，创意就会湮灭在社会大数据信息中，再也无法发挥作用。这对创意持有者和国家产业来说都属于一种被动的损失。但创客教育与此不同，创客教育的重点在于"实现"。只要是创意能够被提出，且具有一定的合理性，那么教师都应该辅助学生在创客空间中验证，由来自多方的经验技术辅助创意升级、进化成型。因此，如若创客教育的成功率可以持续提升，那么对国家而言，创客教育所能提升的创业成功概率将十分可观。故我们可以肯定，在创新创业教育概念范围内，如若能够将真正的创客教育理论应用其中，那么创业成功率便可直线提升。

（二）创客空间将为"双创"教育提供专业验证场所

创客空间可以吸收大多数来自外部的经验力量，而在空间内部，所有经验者都可以进行互帮互助，直至完成对空间内新创意的验证和辅助。当前国内部分规模较小的高校常常会因为场地和资源的限制无法建设功能完善的创业孵化园，但如若高校能够利用创客空间场地引导学生进行实践，那么学生的创意价值便能够得到专业的考核认证。这样一来，假若学生个人的创意不具有实现价值，其也可以在创客空间验证的过程中收获经验。而一旦学生的创意能够通过验证，学生便会产生充足的自信心去再度验证自身的想法，并在多方经验辅助下持续孵化创意，直至成为相对成熟的发展体系，这些都是传统创新创业教育无法完成的工作。故可以肯定，创客空间如若被应用在"双创"教育中，便也可以改变高校教育空间不足或功能不全面的情况。

（三）大学生也可成为创客空间未来的组成者

创客空间的功能全面，能够为多个潜在人员提供专业的辅助意见，就是因为创客空间内部存在较多的经验者，他们来自各个传统行业或新兴行业中，有些是行业的领军者，也有刚刚革新了行业发展方向的佼佼者。而他们能够成为经验丰富的前辈，正是因为他们曾经也是将自己的创意加以实践的创客。故若以具象思维分析创客空间内部结构可以发现，循环正是创客空间持续运转的本质。因此我们可以肯定，当当代大学生成为创客并成功创造出属于自己的创意成果时，他们便可以再度进入到创客空间中，一方面继续验证自己作为创客的创意思路，另一方面则也可以发挥自己"前辈"的作用，继续为本校或其他院校的大学生传递创新创业的经验与思想。

（四）创客教育可为"双创"教育提供全新的教学互动模式

创客教育空间具有绝对的交互性作用，其内部人员需要不断进行交流，才能够将各自的经验以交叉的形式进行呈现，继而将自身经验教予他人，辅助其在未来的创新创业过程中收获"少输出，多回报"的成果。不仅如此，如若高校"双创"教育可以在应用创客教育经验的过程中认可创客教育，那么他们便能够在未来的发展中以创客教育为核心不断更新教育教学体系，直至令"双创"教育可无限向创客教育靠拢，进而形成以培养学生实践能力、协作能力和个人素养为主的全面教育教学体系。

从上述四点应用优势来看，创客教育的进入不但可以解决当前的"双创"教育问题，也可以将未来的创新创业教育更新问题一并解决。

三、高校"双创"教育融入创客教育的难点

（一）缺乏宏观支持

当代高校多数跟随着国家的宏观政策调整自身的教育教学方针。因此，如若国家并未开始重视创客教育，即使高校内部的"双创"教育人员开始重视创客教育所

具有的应用优势，他们也无法在内部完美应用创客教育的概念。而观察当前政策可知，国家虽然已经开始重视应用创客教育，但并未给出具体的政策来规定如何进行落实以及落实尺度如何。这便令各个高校无法获取切实的行动尺度，也间接令校方无法及时针对创客教育进行资源调配。故即使国家开始重视创客教育，高校也很难在短时间内调取相关资金以及教育资源等对其进行辅助建设。这也正是各个院校开通创客教育后，创客空间功能不健全的主要原因。

（二）专业人员匮乏

创客教育人员与传统的创新创业教育人员不同，创客教育更加注重实践，因此校方若要开通创客教育，就必须引进专业的教育人员，这样才能保证教育教学行为能够取得预期内的成效。而当前绝大多数高校都并未针对创客教育引进专业的人才，而是直接使用"双创"教育教师进行拓展教育。若教师方面未能进行改革，那么高校便很难真正发挥创客教育的优势作用。

（三）专业课与创客实践之间的时间矛盾

虽然当代大学生在时间方面已经相对充裕，但部分专业学生的时间仍然被专业课所填满。创客教育的重点在于实践，实践就必然要花费学生大量的时间。故当前在高校创客教育环境中，学生时间不足，实践经验不够就成为比较普遍的现象。同时对学生来说，其实际上也很难以主观思维对个人的上课时间进行调整，故针对时间上的矛盾，校方仍然需要承担主要的调节任务，需尽量在保证学生可完成专业课的基础上，增加学生在创客教育方面的参与时间。

（四）创客教育评价问题

创客教育也属于教育教学中的一种，教育教学人员有必要对学生在创客教育领域的综合表现进行评定。但目前因创客教育未能完整融入"双创"体系，故教师很难给出相对完善的创客教育评价指标。没有对应的评价体系，教师难以对学生的表现进行科学评价，学生在创客空间的知识吸收效率便会被压缩，同样无法真正在创客空间获取预期内的经验成果。

（五）配套资源问题

创客教育具有一定的现代化交流特征，对于一些已经实现内部教育体系现代化的高校来说，创建创客教育教学模式的难度并不大。但国内也有部分高校并未在校内实现完善的统一的信息教育。也有部分学校的内部网络质量并未达到预期，故学生所能够接触到的互联网质量难以支撑他们进入创客空间内进行学习。这些都属于高校应该尽快解决的问题，这种存在于硬件上的问题处理难度相对不大，可作为优先处理项目。

四、基于创客教育的高校创新创业教育革新方式

（一）宏观方面应细化政策内容，加大政策扶持力度

首先，国家应该在宏观方面尽可能对创客教育进行扶持，扶持方式分为两种：第一种为下达相关落实政策。即官方负责下达开通创客教育融入途径的相关政策，引导和辅助各个高校及时了解和应用创客教育。第二种即为督促改革。目前，能够主动进行改革的院校只占半数或少数，也有部分高校并不重视对创新创业课程进行改革。针对此，国家有关部门便应该尽可能地利用政策调整来起到督促作用，引导和监督地方高校及时对创新创业教育课程进行改革。当完成宏观扶持和监督后，在部分地区内便可以建成功能相对完善的创客空间，而一些本就存在的创客空间也可以进一步得到外部力量的扶持，再一次完善内部的资源体系。

（二）校方应调整"双创"教育重点，调动校内资源进行建设

当官方下达政策扶持指令后，校方便也应该对创新创业教育体系进行调整。首先，校方可以派出专门人才，即创新创业教育人员和教育管理人员通彻地进行创客教育学习。学习的根本目的在于要将来自外部的专业创客教育经验带回到校内。而后校方便可以在专业人员的辅助下完善"双创"教育系统，要将创客教育的优势尽

可能糅合到原有的创新创业教育体系中。其次，校方可以要求财务人员重新规划财务预算，要调取合理的资金资源和教育资源来充实创客教育体系，务必要令创客教育的建设还原最核心的教育状态，这样才能为校内学生提供更加专业和有质量的创新创业教育。

（三）吸收外来人才，加大内部人才培养力度

校方应该持续培养两种人才：第一种为由内部创新创业教师升级而成的教育人员；第二种则为外部应聘或内部招聘而来的创客教育人才。当前在社会范围内创客教育人员经验丰富，如若能够将其引入校园范围应用则可以采用内聘方式，如若不然则也可以建立长期合作关系，由这些教师对校内的创新创业教育人员进行周期性培训，直至内部教育教学人员具备了创客教育精神和技能。同时，教师也需要将视线放到创客教育行业外部，务必紧盯教育领域中的更新类信息，从而争取在第一时间即获取专业的教育改良信息，并将信息传达到内部教育空间中。

（四）重塑教育教学体系，创建功能完善的实践教育空间

校方应先调整不同专业学生的专业课程时间，尽量处理教学内容存在重合的课程，也就是将其加以融合，进而节省专业课教学时间。而后校方应该利用周末时间开放创客空间，继而为学生提供功能更加全面的实验空间。教师可以及时与学生进行联系，如若学生拥有成为创客的潜力，那么教师应该要求学生尽快进入实践空间内完成对个人创意的验证。如若验证成功则可将经验共享，且教师和校内前辈具有扶持大学生创业的义务。针对此，校方也可以在创客空间内建立互动规则，即每一届学生可以免费获取教师和专业人员的经验辅助，但当其成功创业后，也有义务辅导下一届学生，把经验传下去。这样便可以在功能完善的基础上夯实经验教育循环特性，彻底激发创客空间的实际作用。

第三节　高校创新创业教育多元协作的价值取向

协同理论要求高校创新创业教育在实施中实现多元协作。协同理论下高校创新创业教育多元协作既要满足学生创新创业能力的发展需要，又要符合社会发展对创新创业人才的需求。要满足这两个需求，必须突出创新创业教育过程中学生的主体价值，必须建立有效的创新创业教育多元协作协同机制，必须在多元协作体系中发挥序参量的关键作用。具体到实施中，要求以学生为中心加强创新创业教育资源的协同供给，发挥高校纽带作用，营造多元协作的教育生态环境。

一、协同理论及其与高校创新创业教育的密切关系

（一）协同理论的基本主张

协同理论主要研究系统在协同作用下从无序到有序的动态发展规律。协同理论的基本观念是，在系统内部结构反复从不平衡到平衡的变化过程中，具有相似的规律，这一规律可以揭示复杂系统持续发展的内在运行机理。一个系统的运行发展，主要是由构成其整体的各子系统间的共同作用推动的，子系统间关系的协调性与平衡性，决定了整个系统的稳定性与发展水平。协同理论研究的基本任务正是发现各子系统间相互作用的规律，对解决系统内部复杂问题有着积极的指导意义。

协同理论的核心原理是协同效应、伺服原理和自组织原理。协同效应是系统内部协同作用下的结果，在各类系统中普遍存在。子系统在不同的外部扰动及内部变化影响下，相互之间会产生不同的协同作用。协同作用同时还是推动系统内部结构、状态变化的主要动力。当协调作用的影响达到质变水平时，就会促使系统由无序状态进入有序状态，即产生协同效应。

伺服原理描述的则是系统内部不同变量之间的关系及发挥作用的规律，即系统内部慢变量支配快变量，序参量主宰变化过程，其中序参量是一种从无到有，且可以标志新结构形成的特殊慢变量。伺服原理是通过对系统变化临界区域的变量观察得出的，从慢变量的变化规律中可以分析出系统内部平衡状态变化的走向，而对序参量的把握则可以帮助观察者找出系统变化的决定因素，乃至实现对系统的整体调控。

自组织原理描述的是在非外部组织命令指引下，系统内部通过自发组织、协调形成新的平衡结构的作用规律。自组织原理关注的是系统内部的运行变化，自组织的过程并非随意进行的，往往要遵循一定的内在规则，这种规则并非外部制定，而是在子系统协同运行中形成的。

（二）协同理论与高校创新创业教育的密切关系

高校创新创业教育是一项复杂而系统的工作，涉及内容较为多元，所形成的创新创业教育体系也是一个复杂的系统。这个复杂系统的运行过程及其结果可以为协同理论的研究提供丰富的分析素材。反过来，协同理论作为分析系统运行发展规律的理论，又可以帮助高校更好地把握创新创业教育系统运行发展的规律，进而为创新创业教育的系统研究提供支持。

高校创新创业教育的实践为协同理论研究提供分析素材。任何一种理论的发展，都离不开基于实践的大量研究作为支撑，协同理论也是如此。高校创新创业教育体系的形成，意味着一个较新的系统出现，这本身便为以系统为研究对象的协同理论研究扩展了素材的来源。同时，高校创新创业教育的实践活动也为协同理论在现象分析与原理检验方面提供了有力支持，这对推动协同理论自身的创新发展是具有积极意义的。

协同理论为高校创新创业教育工作开展提供指导。基于协同理论所展开的分析研究，还能够帮助教育主体更准确地找出影响创新创业教育工作开展效果的关键因素，进而针对性地制订工作方案。通过协同理论的分析结果指导教育实践，以提高创新创业教育体系的完善性，以及教育实践的有效性。

二、协同理论下高校创新创业教育多元协作的出发点及要点

（一）高校创新创业教育多元协作的出发点

一方面，当代教育的核心理念是以人为本，必须将学生放在主体和中心位置，一切从学生出发。素质教育对学生素质能力的提升起着重要作用。在高校创新创业教育的多元协作中，也要坚持学生中心和素质本位的原则，即将学生创新创业综合素质，尤其是实践能力的发展，作为多元协作的出发点，各参与主体应围绕这一出发点进行充分协调、合作，合理调配教育资源，发挥协同作用，以有效提升学生创新创业能力。

另一方面，教育工作的关键价值体现在为经济社会发展服务上，所培养的人才，以及人才在知识技术创新方面所取得的成果，都应当能够为社会发展提供服务。为社会培养急需的人才，也是教育工作培养的目标。因此，在高校创新创业教育多元协作中，也要以社会发展的实际需求为出发点，既包括地方性的创新发展需求，也包括全国范围内各行业领域发展对创新创业人才的需求。只有切实从需求出发，才能保证创新创业教育实践的针对性，这也是实现多元协作中多方共赢目标的基础所在。

（二）高校创新创业教育多元协作的要点

第一，如何在多元协作中突出学生主体价值。切实提升学生创新创业能力是多元协作的出发点，但在教育实践中，常常因为各参与主体在理念、思维、协作策略、利益侧重方面的偏差，导致学生的主体价值被忽略，变成完成教育任务或响应政策号召而开展创新创业教育。这样的情况，就可能导致创新创业教育与现实脱节，陷入形式化困境，且由于不关注学生实际，导致学生对创新创业教育缺乏兴趣，自身素质能力得不到有效提升，进入社会无法保证成功达到创新创业目标。

第二，如何建立有效的多元协作协同机制。协同理论较为关注系统内部自组织功能的作用发挥，在高校创新创业教育的多元协作中，系统内部各部分最初呈现为离散的状态，协作是围绕学生、社会需要、各方利益而实现的。在这一系统中，如不能建立有效的协同机制，很容易导致各方之间的配合存在盲目性和随意性，难以

达到资源价值的整体最大化水平。建立有效的协同机制，就是要通过各协作参与主体间的沟通，构建各方共同认可的最佳合作规则，有效发挥系统内部自组织功能的积极作用，提升创新创业教育的整体有效性。

三、协同理论下高校创新创业教育多元协作体系的构建策略

（一）以学生为中心加强创新创业教育资源的协同供给

基于自组织原理，高校创新创业教育多元协作的成功，需要依靠多元协作体系内部各子系统之间的自发组织和协同运行来提供保障，在非政府政策引导和管理约束状态下，保证多元主体间的整体协调是极为关键的。一致的出发点和中心能够促进各参与主体行动目标和资源调配方向的统一，这也有助于协调和联系多元协作体系内部各子系统的纽带的形成，使整个体系持续向更高层次的平衡状态推进。高校创新创业教育多元协作的出发点是学生创新创业能力发展和社会发展对人才的需求，人才培养是其中的关键。因此，在多元协作体系的构建上，首先就要以学生为中心进行创新创业资源的协同供给。第一，高校方面应当做好学生个性特征的分析，有针对性地开发校本、班本乃至学生小组本位的创新创业教育课程资源，全面强化课程与学生实际相匹配的精准性，注重调动学生创新创业兴趣，突出学生的主体价值。第二，企业、社会机构、家庭等各方则要围绕学生创新创业能力培养的需求，通过有效配合，共同为学生提供相应的教育资源，发挥各自长处，为学生创新创业素质的提升创造良好的资源条件。第三，高校还应当加强与其他各方之间的资源交互利用，发挥资源的共享优势，强化创新创业教育资源供应链条的完整性。通过在资源供给上的有效协作，为高校创新创业人才培育发挥保障作用。

（二）发挥高校纽带作用营造多元协作的教育生态环境

根据协同效应的原理，对高校创新创业教育多元协作体系而言，能否产生积极的协同效应，决定着多元协作的成败。在高校创新创业教育多元协作体系的构建中，高校无疑是各子系统中最关键的一环，因此，高校应当注重发挥自身的纽带作用，

做好与政府部门、企业、社会机构、学生家庭以及学生个人的多元沟通，强化协同效应的发挥，着力构建有益于多方交流、多元协作的创新创业教育生态环境。高校方面不仅要做好协调沟通工作，也要为学生创新创业项目提供可行性评估、专业指导、环境支持、过程监督等服务。政府部门应当发挥宏观支持作用，不仅要在政策、资金等方面，对高校创新创业教育给予支持和保障，还要为高校"双创"人才培育提供基于大数据的总体指导。企业方面则需要积极参与高校人才培养，发挥实践基地、校外智囊的作用，同时也要将创新精神融入企业文化，并将创新能力纳入人才选拔的标准，让学生感受到当代企业对创新创业的重视。社会机构方面，相关教育机构应当积极探索创新创业社会教育的路径，为高校创新创业教育提供外部补充，科研机构则应发挥科研工作的带动作用，以此强化科研力量及成果方面的支持。学生家庭方面，应当正确认识创新创业的意义，积极引导学生就业观、择业观的形成与发展，尊重他们的创新创业选择，避免不当限制或干预，为他们提供自主、宽松的发展空间。最后，在高校的教育引导和外部环境的整体支持下，学生个人或团体则应充分运用有利资源，发挥自身创新潜能，主动积极地参与到创新创业探索当中，努力提升自身的创新创业能力。

（三）立足多赢目标挖掘推动"双创"教育协同发展的序参量

通过对创新创业教育多元协作各环节发展规律的内部变量分析，发现起到决定作用的序参量主要有两类，其一是科研创新成果，其二是各高校独有的优势特色。科研创新成果需要大量理论研究和实践探索尝试才能得到，科研创新成果的出现，必然会推动教育的发展，促进人才知识结构的革新，进而强化人才创新创业能力。在科研创新成果的应用价值转化中，又会为社会相关领域的发展注入关键动力，以此发挥序参量在系统中的作用价值。这就要求高校把握好科研创新这一环节，加大科研投入，协同其他各方加强对学生科研创新项目的支持，提升创新创业教育过程中科研创新成果产出和转化率，提升学生创新创业实践的成功率。高校普及创新创业教育的核心目的是培养具有个性和创造力的多样化人才，要实现这一目标就必须把握好高校自身优势特色这一关键变量。在创新创业教育体系中，高校自身优势特色往往需要通过大量资源和时间投入才能形成，同时，优势特色一旦形成又能够有效强化高校创新创业人才培育的能力，凸显序参量的关键作用。因此，要体现这一序参量的价值，还应通过整合校内外资源，完善塑造教育理念，以及充分结合强势专业和区域需求，打造各高校独有的优势特色，以培育出特色化的创新创业人才。不仅高校如此，政府、企业、社会机构等参与主体也需要挖掘自身在创新创业教育实践中的优势特色，在多元协作中实现优势互补，驱动"双创"教育系统内部各部分的协同发展，保障创新创业人才培养的效果。

第四节　构建高校创新创业教育共同体研究

将共同体概念引入创新创业教育，研究构建高校创新创业教育共同体。基于共同体的构成与特性，体现创新创业的实践属性，遵循创新创业教育基本规律，实现共同体的核心诉求，可围绕培育具有"共同学习"理念的多元化主体，建构具有"深度融合"基础的多样化介体，建设具有"共生共长"基因的多层级环体等途径开展。

一、高校创新创业教育共同体的基本特性

按照在创新创业教育过程中的角色与功能，创新创业教育共同体分为主体、客体、介体和环体等四个部分。主体是指主动参与创新创业教育实践活动的个体与组织机构；客体相对主体而言，是主体认识和实践活动的对象；介体指的是创新创业教育过程中，主体和客体相互联系、相互作用的中介要素和载体；环体指与创新创业教育密切相关并对其产生影响的外部条件和环境。创新创业教育共同体具有以下特征：

1.主体与客体的可转化性

主体和客体是在特定阶段和时空条件下形成的，客体的历史性特征使得外部环

境发生变化时，主体和客体可以发生变化。在创新创业教育过程中，创新创业教育的组织者在一定阶段处于主体地位，参与其中的大学生属于客体，随着外部条件变化，客体创新创业知识与本领的积累，主体与客体的位置会发生置换。互联网技术的普遍运用，知识传授与积累的途径不断演变，知识更新速度与频率不断加快，主体客体的转化将更为频繁。

2.共同体的共生性

主体、客体生长在环体中，外部环境和条件的变化影响着主体和客体的生长速率和质量，主体客体的生长对环体建设产生正向推动作用；主体和客体的相互联系和相互作用通过介体来实现，介体的载体和平台影响着主体和客体的功能性发挥，主体、客体自身生长和发展对介体的供给质量提出了新要求；主体和客体的相互转化表明二者存在着共生共长的特性，并影响着介体和环体的不断更替和进化。因此，积极把握共同体的共生性，强调有机体内各子体的同生共长，对高校创新创业教育具有极其重要的作用和意义。

3.共同体的系统性

共同体内各子体相互依存、相互影响，一起构成了创新创业教育共同体，各子体缺一不可，相互促进且相互制约，在共同体内各自发挥着自身的功能与特性，共同影响和促进共同体的发展。创新创业教育共同体，是同生共构的有机整体。高校创新创业教育共同体的成效显现，关键在于不断加强共同体各子体的相互耦合和促进，提升共同体的系统性和科学性建设，支持和鼓励校内外创新创业教育主体的协同配合和深度融入。

二、构建高校创新创业教育共同体的基本要求

（一）体现创新创业的实践属性

创新创业的逻辑起点在创新，创新在于对现有事物的不满或不合理而激发的一种变革和创造的意愿和诉求，是个体在对美好生活向往的基础上展现的一种内生源

动力，其内在是一种意识和精神。创新精神和意识建立的前提是对现有事物的充分认知和深入了解，建立在对一定领域内的现有知识、技能的掌握和行业职业发展历程、趋势的研判，从这个层面讲，创新创业教育需要主体对经济社会发展具备足够的认知和研究，需要高校创新创业教育主体紧贴创业环境更新教育内容、方法与手段，不断满足客体对于知识与技能的渴求，提升客体自身的积累。

创新创业的逻辑重点在于创业，诚然这里的创业不是狭义上的创办一个企业实体或者项目，而是广义上的创意、创造和改变，其可以是一个新公司或者新项目的创建，但也可以是经济社会发展中某一个生产流程、工艺技术或者产品研发上的创新或创造。创新精神的外化，需要依托具体的介体来体现其实践属性。对于高校创新创业教育共同体而言，如何加强创新创业的实践属性，如何做到"教中学"和"做中学"两者合理结合是高校创新创业教育共同体构建过程中不可回避的一个话题。

（二）遵循创新创业教育基本规律

教育的基本规律要求在教育过程中处理好社会发展以及人的发展的关系，教育活动的开展必须关注人的发展并服务经济社会发展，而服务社会与人才培养也是高校的基本功能之一。创新创业教育作为高校教育活动之一，也必须遵循上述规律，坚持教育的长期性与生产性，确立科学合理的教育目标与实施方案。

首先，高校的创新创业教育必须坚持服务社会的基本原则。紧密围绕高校所在区域经济社会发展特色，服务高校自身战略发展规划，开展特色鲜明具有差异性的教育实践活动。加强与当地经济社会发展的汇聚融通，加强创新创业教育的论证与研究，鼓励各高校创新创业教育特色发展与个性化开展，避免千校一面的同质化现象。

其次，创新创业教育必须坚持以客体为中心。教育的生产属性要求高校在开展创新创业教育时，必须以学生为中心，坚持普适性与个性相结合，精神培育和知识传授相结合，创新创业教育与专业教育相结合，通过全面铺开且注重个性的教育活动来培养创新型人才。

再次，创新创业教育必须坚持系统性开展。教育的长期性表明创新创业教育要建立科学合理的实施方案和评价体系，将创新型人才培养作为创新创业教育的目标，将创新精神和意识的培育作为创新创业教育的重点，避免片面地将创业项目数量、比赛获奖指标等作为创新创业教育的评价指标，实现创新创业教育的长期系统性发展。

（三）实现共同体的核心诉求

善与美是共同体构建的本质要求，高校创新创业教育共同体建设也需要把握这一基本原则。共同体中多元主体的共处，各子体的共生共长，需要内部各要素的和谐共处与相互协作。高校创新创业教育共同体的构建，需要校外的多样性主体的融入和支持，需要校内教师主体和学生客体的投入和融合，上述途径的实现需要各子体具有向上向善的共同追求。共同体的构建，基于共同的价值认同和目标追求，源于共同的价值信仰和情感认同。构建高校创新创业教育共同体，本质是对创新创业的不懈追求和持久奋斗，关键是创新精神和意识的培育和养成，落脚点在于具有创新意识和精神的人才的培养与共享，这是对共同体对美的追求的最好阐释。

在高校创新创业教育共同体的构建、运营和推进过程中，创新是贯穿和维系这个共同体最核心的基因和元素，如何保持和维系共同体具有长久且可持续的创新基因和动能，持续且高质量地培养符合经济社会发展需要且具有创新意识和创新技能的高素质人才，是构建推进创新创业教育共同体生存发展的关键。当创新精神和意识在创新创业教育中的客体中不断生根和成长，共同体构建成果将不断涌现并将回馈支持原有共同体的迭代和更新。

三、构建高校创新创业教育共同体的基本路径

（一）培育具有"共同学习"理念的多元化主体

1.理念共识组建多元化主体

在创新创业教育共同体语境下，主体是指组织和实施创新创业教育的机构和个人，创新创业教育理念共识下的多元主体的相互补充与相互促进有利于丰富介体内容，优化环体整体生态，也利于主体与主体间以及主体与客体间的共生共长。创新创业的实践属性对主体的实践经验和技能提出了更高的要求，高校教师从学校求学

到学校教学的单线条经历使得其在专业知识积累上存在一定优势，但其在实践性上也存在先天不足。共享校外具有实践经验的创新创业人才充实教育主体是保持创新创业共同体活力的重要保证，商业机会捕捉、行业前沿动态、项目规划运营等系列优势，将成为创新创业教育的有益补充。共同体中主体和客体的可转化使得高校大学生个体在特定条件下会成为创新创业教育的主体，大学生更为强烈的求知欲、冒险精神都充实了主体结构，且大学生自身的朋辈效应对客体而言存在着较为强烈的示范效应。在创新创业精神与意识培育的理念下，上述多元主体组建将有力推动共同体的培育与发展。

2.愿景共识组建学习共同体

网络技术的使用、知识更新速度加快对个体学习能力提出了新要求，创新创业的创新基因要求个体保持不断学习与改变。共同体中的主体客体基于同样的价值取向、目标愿景和兴趣爱好结合在一起，共同追寻创新改变与革新创造，立足于共同的目标共同参与，同学共长成为共同体成长的必然之路。与此同时，共同体的多元组成，为其组建学习共同体提供了良好的现实条件，彼此间知识结构错层差异构成了良好的互补体系，思维方式的差异化碰撞也为创新提供了新的动力和源泉。

（二）建构具有"深度融合"基础的多样化介体

1.以需求为导向促进深度融合

创新创业教育的全面开展导致了客体需求的多样性，单一模块的传统教育已不能满足客体成长的需要，借力多元主体促进深度融合生产高质量内容是创新创业共同体的必然路径。创新创业教育的深度融合指借助互联网等数字信息技术，利用校内外资源要素，借用专业教育的媒介和平台，生产具有引领提升效能的多内容，将创新创业基因和元素由浅入深地融入高校日常教育。生产多内容介体，更新演进介体的智慧化和时代化特征，要实现创新创业教育与专业教育的融合，应在人才培养方案、课程设置、第二课堂等方面导入创新创业元素，提升介体的专业性；要促进校外资源和校内资源的融合，打通高校内部的院系设置壁垒，应在校内资源整合的基础上引入共享校外资源要素，实现在教师聘用、创新实践、基地建设等方面的融通共享，提升介体的时代性；加大知识传授与实践训练的融合，坚持创新创业的实践属性，不断更新创新创业教育的场景、方法，提升介体的实践性。

2.以客体为中心生产多样化内容

创新创业教育的内容指共同体供给客体的内容与产品，可以是创新创业实践场地、实验室等硬件服务，也包括创新创业课程、训练以及指导培训等软件产品。在高校学生"全客体"的环境下，客体自身特性的差异决定了其目前所处的小环体的差异，不同环体对物质营养的需求存在着结构性差异，需要大环体分类分层提供多样化内容。高校创新创业教育共同体需要根据客体所处阶段，提供用来激发、引导、培育、指引等具有多样化功效的内容和产品。

（三）建设具有"共生共长"基因的多层级环体

1.文化引领凝聚共同体共识

创新创业教育共同体的根本要义在于这一整体系统的高效运行，各子体的和谐共处、良性共生是共同体发展的关键。多元化主体的共存一方面有利于共同体的生长，另一方面，主体间的差异也会影响共同体的发展。构建高校创新创业教育共同体，要切实发挥文化引领的作用，构建包容共生的共同体文化，坚持求同存异合作共赢的基本原则，充分尊重并调动新加入主体的主动性和积极性，做好整体组织与协调，发挥共同体的合力。

2.多环联动建设共同体基石

多元主体开展创新创业教育，高校主体镶嵌于政府、家庭、企业等生态架构中，高校的创新创业教育角色和定位不仅仅由高校来决定，需要根据环体建设情形进行系统性统筹。客体参与创新创业教育的成效一方面取决于主体生产内容，另一方面客体生长在环体中，环体提供的政策环境、舆论环境影响着客体的参与。高校、政府、家庭要多方联动，共同建立线上线下系统推进的环境体系，实现创新创业环体建设全覆盖，优化创新创业环境。

第四章　多元协同的高校创新创业教育

第一节　高校创新创业人才的多元协同培养机制探索

高校要想培养出优秀的创新创业人才，就必须要结合时代发展的规律进行教育理念的创新，不断促进教育改革，优化培养模式。协同培养是以人才为主要核心，通过与其他高校、企业、政府等外部机构进行相互配合，实现多因素和多环节的协同配合，因此达到校内外的共同合作、协同培养，对教学资源进行有效的整合，发展成具有开放性的教育体系。

一、"多元协同"的基础理论

创新创业人才的培养需要突破原有的教育理念、使教育的平台更加的广阔，更加丰富，更具有创新性。学校仅凭单一的教育模式，很难适应当前世界环境的发展变化，我国创新型国家的建设、创新型经济的发展需要加强与各界的合作，突破地域的限制，在协作上实现更高层次的融合建设，协同机制能够使创新型人才突破限制，呈现出新的形势对协同机制的理论与驱动原理有更高的理解与掌握，对创造创新创业人才的协同培养机制有着重要的影响。

二、"多元协同"的概念与意义

（一）概念

多元协同教育理念的核心在于人才创新的培养，人才培养的质量是高校教育的关键因素。竞争力的形成与发展，关系到如何培养创新型的人才，我国的人力资源需要理论研究的方向指导，重点是怎么样落实可行的教育理念。创新型人才的培养需要通过与协同机制的相结合，为创新人才的培养提供有效的支撑与帮助。

（二）意义

创新创业教育是高校在社会竞争中立足的关键，同时也是我国创新型国家建设、创新型经济发展的核心。在理论层面来说，协同培养能够丰富创新创业人才的协同机制研究。主要在于传统的教育理念进行转变，使被动创业变为主动创业，由此培养出具有创新创业知识技能的人才。在实践的层面来说，对创新创业人才进行多元的协同培养，代表着高校的教育理念不再是传统的单一的教育模式，而是通过建设开放型的教育理念进行创业教育，突破学校与外部企业、政府等机构间的界限，实现资源共享、共同合作的教育方式。从而促进学校与外部机构的协同培养。

三、高校创新创业人才多元协同培养机制的特点

（一）培养目标的一致性

创新人才协同培养的各个因素都具有关键性的作用。协同培养共同的教育目标，构建了一个交易体系，体系间的每个因素的相互配合、相互协作使每个因素都能够发挥出自身的作用，从而达到多元协作的目标。协同培养需要每个因素之间相互联系，共同促进发展，在创新创业人才的培养上，始终坚持一致的教育目标，汇聚培养合力。

（二）教育系统的开放性

创新创业人才的培养是一个多种因素共同发挥作用的过程，比如高校中各种资源、企业机构的各种平台、政府的政策等，这些因素本来是独立、封闭地发挥自身的作用。协同培养是需要各个领域之间摆脱封闭、独立的局面，以合作共赢为主要出发点，致力于消除隔阂，突破各个要素间的隔断，实现资源的高效共享，形成优势互补、共同发展的协同机制体系，从而达到获得经济效益最大化的目标，使各个因素都能够发挥出自身的价值。

（三）教育效果的叠加性

创新创业人才的培养是需要多元领域的共同参与和协作。通过协同机制的作用，将政府的政策导向、高效的教育模式、企业的技术等各因素的优势充分发挥。使各个因素在原有的结构、功能以及方式上产生新的质变，提高每个资源的使用效率与效益，激发每个要素间的价值，在相互作用的同时产生效应，从而实现协同培养的目标。

四、高校创新创业人才多元协同培养机制中存在的问题

（一）教育体系还不够完善

当前，我国高校还处于经验发展不足的探索阶段，没有建立完善的协同教育体系。在创业创新人才培养的基础上，只能依靠高校进行教育，缺少企业机构、非营利组织的参与，使创新创业人才的发展趋势呈现出单一化的现象。然而，在高校培养创新创业人才的过程中，采用协同体系，加强各个主体间的相互协作与沟通，能够使资源达到有效共享，使协同教育的作用能够最大发挥。

（二）创新创业教育没有健全

当前，我国的创新创业教育还处于探索的阶段，在高校中没有专门的学科教育，

也没有可以授予学位的项目。纵观全局，创新创业教育体系正在尝试与正规的教育体系相结合，其主要表现在：

其一，创新创业教育的目标还不明确，我国高校的创新创业教育对象一般在于学生，并没有进行针对性的教育。并且，对于学生而言没有明显的突出性。使得创新创业教育在目标上不够清晰，没有层次的区分，不具有较强的针对性。

其二，创新创业教育课程体系的建设还未完善，一般都以选修课程的形式展现出来，虽然在一定程度上提高了创新创业的重要性，但是教育体系还不够完善。

其三，创新创业的教师队伍有待扩建。创新创业的教师队伍相对于创业教育来说，起步较晚。除了重视对专职教师的培养，企业机构的领导者和优质的技术人员也是不能够忽视的教育人员。另外，高校与企业、政府以及其他机构的合作要更加重视，协同发展是当前教育中必不可少的因素。

（三）校内外资源没有整合

在知识经济不断发展的背景下，高校处于开放创新的情况当中，与社会各个领域的机构组织联系密切，高校的社会服务职能也受到重视。当前，协同创新已经被广泛使用，逐步替代了独立创新模式，成了创新理论的新的趋势，资源整合方面也得到了有效的共享。高校在教学、科研、人才培养等方面有着明显的优势。企业在资金、技术等方面也得到了明显的提高。高校需要加强与其他主体间的协同合作，深入激发自身潜能，这也是需要高校通过协同机制来进行的，有效地整合校内外资源的创新，能够加强对创新创业人才的培养。

五、高校创新创业人才多元协同培养机制的创新

（一）建立完善的教育体系

高校应当注重对创新创业人才的培养，加强理论指导教育。主要包括：

其一，加强对师资队伍的建设，加大对教师的培训力度，指派专业的教师到企业机构培养实践能力，从而提高教师的创新创业能力。

其二，建立完善的课程教育体系。课堂是培养人才的重要途径。高校要开展创新创业活动，提高学生的创新创业意识。对有创业想法的学生开展具有针对性的教育。同时，高校还要与创新机构进行有效的合作，强化课程的教学内容。

其三，改进创新教育的教学方式，要依照培养的要求制订教学计划，对全体师生的创新创业知识进行提高，在专业课程体系中加入技术创业内容。

（二）健全创新创业教育

创新创业人才培养是一个复杂的过程，需要多方面主体的参与，具有较强的开放性。高校应当顺应时代的发展，制定有效的培养方案，对教育体系进行及时的调整。深入行业、企业、政府，进行深度的访谈与调查，了解机构组织的需求。将其引入创新创业教育。另外，还可以使学生到企业中实习，更加近距离地掌握企业发展的需要。

（三）对校内外资源进行有效的整合

高校应当建立具有开放性的大学教育制度。加强与外部企业机构的联系，重点关注校内外的交流沟通，主动与外部机构进行协同教育，积极开拓教学空间，为创新创业教育体系创造优良的环境。另外，设立创新创业学院，建立科学合理的教育管理体系，突破学院、学科、专业间的教学模式，使协同机制的创新创业体系得到落实。

创新是人类社会进步的核心动力和源泉，是一个国家、民族得以进步和延续的灵魂所在。创新与创业有着紧密的联系，正是由于创业家将各种要素组织起来进行再生产，并创新性地改变组合方式，才推动了经济增长。对高校创新创业人才培养协同机制的研究，在理论方面有待进一步深化，研究方法有待进一步创新，研究内容有待进一步丰富，研究水平有待进一步提高。

第二节 地方行业高校创新创业人才
"多元协同"培养机制

伴随着国务院《关于深化高等学校创新创业教育改革的实施意见》的出台，高校在创新创业人才培养方面进行了一系列尝试，取得了一些成效，但仍然无法满足社会对创新创业人才的需求。创新创业人才培养是一项系统工程，须政府、高校、行业、企业等多方协同培养。在此背景下，高校应该做些什么、如何做，是高校面对时代要求必须回答的问题。

在长期服务行业发展过程中，地方行业特色高校在行业内积淀了良好的人脉和较高声誉，其贡献和价值不仅赢得了行业内企事业单位的赞许，同时，也得到了社会的广泛认同，相比其他高校，在行业科技创新和人才培养方面，优势明显。因此，地方行业特色型高校在产学研协同育人方面，应基于行业科技创新前沿，持续为行业发展提供人才培养支撑。但实践中，由于我国高校创新创业教育起步较晚，在培养机制上，政府、高校、行业与企业等社会组织尚未形成合力，存在较为严重的脱节现象。因此，如何有效整合各种资源，构建创新创业人才"多元协同"培养机制，就成为当前地方行业特色高校创新创业人才培养亟待回答的迫切问题。

一、高校创新创业人才培养过程中存在的问题

近年来，尽管政府相继出台了《关于大力推进大众创业万众创新若干政策措施的意见》《关于深化高等学校创新创业教育改革的实施意见》等一系列政策，鼓励校企合作、产学融合提升大学生创新创业能力，但由于受多种因素的影响，实际执行过程中仍然存在着校企两张皮问题，在培养机制上，政府、高校、行业与企业尚

未形成合力，存在较为严重的脱节现象。

（一）重视创新创业课程设置，忽视课程质量提升

虽然绝大多数高校开设了创新创业相关课程，但在培养过程中依然片面强调记忆功能，流于知识的传授。存在重视教师"一言堂"传授，忽视师生互动创新；重视知识的传授和积累，忽视知识的创造与实践的现象。学生自主探索的能动性和创造力难以充分发挥，教学效果和质量难以保证。

（二）重视"政校行企"合作协议签订，忽视"多元协同"深度融合

目前，很多高校虽然与政府、行业、企业之间存在合作，但实际执行效果并不理想。具体表现在：有些只注重合作协议的签订，停留于表面的一纸协议，忽视协议的履行；有些虽有合作，但仅停留于学生参观、毕业实习等层面，合作的深度和广度差强人意。同时，政校行企之间"四元协同"参与度不高，校内外资源整合不够，亟须顶层设计和系统规划。

（三）重视单一导师制，忽视多导师协同培养

学生创新创业能力的培养，指导老师无疑是重要的外部因素之一。目前，虽然一些高校鼓励"双栖型"师资队伍建设，并尝试导师组集体培养模式改革，但在执行过程中，导师组形同虚设，其结果依然是单一导师制。单一导师制难以发挥学科交叉，孕育创新创业思维的作用，与创新创业人才培养的要求差距较大，多导师协同育人机制是解决这一问题的有效途径。

（四）创业实践资源平台建设滞后，创业孵化落地支撑乏力

受经费短缺困扰，我国许多地方高校长期以来对创业实践教学基地、创业类实践竞赛、大学生创业园等建设投入不足，致使创业实践资源平台建设滞后，制约了学生创业团队入驻地方创业孵化器等活动的开展，创业孵化落地支撑乏力。

二、地方行业高校创新创业人才"政校行企"协同培养优势

地方行业特色高校在长期服务行业发展过程中形成了鲜明的行业背景优势。目前，为满足创新创业人才培养的需求，理应将传统优势转化为产学研协同育人优势。其优势主要体现在两方面：

（一）行业内传统优势学科突出，为"政校行企"协同培养提供科技支撑

地方行业特色高校在其行业领域和某一特定层面具有综合性高校无法比拟的科技和人才资源优势，行业内高水平的专家学者及较强的科技创新实力，赢得了行业内企事业单位的赞许和社会的广泛认同。鲜明的行业特色背景和良好的声誉，使得地方行业特色高校相比其他高校，在"政校行企"协同育人方面优势明显。

（二）行业内校友资源丰富，为"政校行企"协同培养提供人脉支撑

在长期办学过程中，地方行业特色高校培养的各类人才广泛就职于行业内各个单位，其中部分校友已担任各级领导职务，他们了解行业发展状况，掌握更多社会资源和信息，成为学校与行业内各单位保持联系的纽带。同时也成为学校创新创业人才"政校行企"协同育人的重要人脉资源。这些都是其他综合性高校短期内难以企及的比较优势。

三、地方行业高校大学生创新创业人才培养模式构建

为了提升大学生的创新创业能力，充分发挥地方行业特色高校在创新创业人才"多元协同"育人方面的优势，构建多元协同的"1＋2＋3＋4"培养模式。

（一）"1＋2＋3＋4"培养模式的含义

"1＋2＋3＋4"培养模式是指集政校行企多方资源，围绕一个培养目标（培养

创新创业人才），体现两个能力层面（专业实践能力、创新创业能力），组建三个中心（教育中心、指导中心、孵化中心），实现四元协同（学校、政府、行业、企业），旨在激发学生创新思维，提高创业能力的一种产学融合培养模式。通过引入校企、校行、校政融合机制，实现培养目标、培养方案、培养过程以及培养评价的全程渗透和多元协同，突出"创新创业能力"培养特色。

（二）"1＋2＋3＋4"培养模式的实施路径

"1＋2＋3＋4"培养模式的特点是针对地方行业特色高校创新创业人才培养过程中存在的不足，引入"政校行企"协同机制，即通过政府、学校、行业、企业四元协同方式对培养模式的四大要素（培养目标、培养方案、培养过程、培养评价）进行全程渗透和融合，突出"创新创业能力"培养特色。具体实施路径如下：

1.开设校企双线交织的创新创业课程体系，解决知识结构优化问题

创新创业人才培养是个系统工程，需要多方共同参与，具有较强的开放性。面对互联网、大数据、人工智能等信息技术发展以及供给侧结构改革等经济新常态的挑战，高校应主动适应社会发展变化需要，及时优化培养方案，调整课程体系：

一是采用"请进来"和"走出去"的方式，一方面定期邀请行业专家为师生做本行业发展趋势报告，让师生了解专业发展的前沿动态。另一方面，深入行业、企业、政府相关部门进行广泛调研、深度访谈，了解用人单位的最新需求，引入企业优质资源共建"创新创业导论""商业模式概论""项目管理""创业案例分析"等课程。将跨专业课程以"互联网＋专业"类课程的模式作为创新创业与专业结合的拓展方向嵌入课程体系，全面培养学生的专业基础与创新创业拓展能力。

二是校企联合编写由企业专家参与的符合创新创业人才培养的校企一体化教材或产学结合实训指导书，部分实践类课程可直接安排学生到企业学习，有些课程也可聘请政府、行业、企业的兼职教师来校独立或与校内教师共同授课，深度参与教学实施过程。

2.实施"合作导师"制，建立创客导师库，解决创新创业教育师资短缺问题

师资队伍建设是实现人才培养目标的核心。"合作导师"制是集校内外多位导师为一体，满足创新创业人才培养对高水平、职业化、实践指导能力强的师资队伍的要求。一方面，选聘企业家、企业高管担任校外导师，形成"企业讲师团"，并通过建立"企业教师工作站"以及合作企业在学校设立办公室的形式，使得"企业讲师团"驻校从事相关培训、开设专题讲座成为常态。同时，企业和行业协会可定期或不定期在校园举办各种创新创业竞赛，为实践性教学注入新的活力。另一方面，安排学生到校企合作基地顶岗实习，由校内外导师联合指导，校内外导师定期开碰头会，共同研讨实训中遇到的各种问题，并结合实际情况动态调整实训计划。此外，学校可通过政府部门和行业协会广纳人才，成立创客教育导师库，从国内外引入一批热爱创新创业并乐于与学生分享创业经历的超级创客加入导师库成为兼职导师，兼职导师的授课方式不必拘泥于传统面对面的授课模式，可以考虑在线微课、直播等突破地域空间限制的丰富多样的创新的教学模式。通过"合作导师"制和"创客教育导师库"的建立，解决创新创业人才培养的智力支持问题。

3.注重校企文化融合，点燃大学生创新创业激情

校园文化以其独特的办学理念、地域文化、历史传统的积淀为特征，企业文化以其经营和服务理念、制度文化、创新精神、战略目标为特征。无论是校园文化还是企业文化，其"内核"和"灵魂"是精神文化，物质、行为、制度文化是"载体"和外在表现。两种文化的兼容，主要是将企业的文化精髓融入学校的办学理念和定位中，防止忽视开拓进取精神层面的融合而热衷于物质、制度、行为文化的对接。一方面，邀请企业家进校园以专题讲座和创新创业沙龙形式，现身说法向学生讲解校园文化如何与企业文化如竞争意识、敬业精神、效率意识有机融合。通过校企文化融合，将企业家的创新创业精神和优秀企业的价值观渗透到学校的校风、学风中，倡导开拓进取的精神。另一方面，学校可成立创新创业社团、在微信公众号上设立专栏等形式，多维度地营造敢为人先、勇于探索、宽容失败的氛围和环境。通过"校、政、行、企"多方协同，借助与政府、行业、企业联合举办各种创新创业大赛之机，

培育创新创业校园文化，点燃大学生创新创业激情。

4.完善创业孵化服务体系，解决创业实践资源平台问题

脱离实践的创业教育必将是失败的，必须把创业实践作为创新创业教育的核心内容之一。

一是模仿企业创业过程与经营环节进行仿真实践，在校内建立创新创业综合实训指导中心，从由各级政府创新创业指导部门、超级创客、优秀企业家等组成的导师库中抽取相关导师，形成专家顾问委员会，采用合作形式指导学生的创新创业活动。

二是在校外建设大学生创业园，整合校内外各种资源，构建包括政府层面、高校层面、社会层面三大子体系在内的大学生创业孵化体系和中心，引导学生创业团队入驻地方创业孵化器等创新创业实践平台，实现与具有创业孵化属性的众创空间内外互联互动。

三是进一步完善"项目挖掘+团队遴选+过程辅导+引资推动+入驻经营+政策服务+孵化落地+管理咨询"的创业管理机制。

四、"1＋2＋3＋4"多元协同培养模式运行保障措施

（一）强化组织管理顶层设计

从某种意义上看，无论是内部还是外部的协同培养，大学内部的制度壁垒对多元协同培养的制约更大。因此，首先，高校应建立开放包容的现代大学制度。学校应密切与社会联系，注重内外互联互动，主动谋求外部合作，积极拓展办学空间，整合各方资源，为创新创业教育创造良好的生态环境。其次，设立创新创业学院。以创新创业学院的设立为契机，构建科学有效的组织管理体系，打破院系、学科、专业之间传统的建制模式，由创新创业学院具体实施创新创业人才培养工作。

（二）完善沟通协调机制

创新创业人才"1＋2＋3＋4"多元协同培养模式的推进，需要政府、行业、企

业多方参与，因此，学校应建立良好的沟通机制，进一步加强与地方政府、行业协会、相关企业的互联互动。

其一，强化与政府部门沟通。协同培养过程中，对于一些可能超出大学职能范围的关系，可以请政府出面进行引导或者由政府利用资源优势搭建协同创新中心、大学科技园等合作育人平台。

其二，强化与行业部门沟通。行业部门既了解行业企业的需求又凌驾于行业企业之上，因此，可以通过与行业部门的沟通，择优选取具有代表性的行业企业作为创新创业教育实践平台。

其三，强化与企业的沟通。通过与企业的沟通，增强彼此信任度，借鉴企业经营与创业过程，并根据互补性、战略契合性进行模拟仿真，在校内建立创新创业实训中心。

（三）拓宽融资渠道

创新创业实践教育尤其是创业实践与孵化离不开资金的支持。因此，高校应拓宽创业融资渠道，充分利用各方资源筹措资金，为创新创业教育提供经费保障。一是学校设立创新创业基金，为大学生创新创业提供初始资金支持。二是学校可多方位、多手段推介大学生创业项目，吸引更多诸如天使投资、风险投资等企业关注并提供资金支持创新创业教育。三是利用政府鼓励大学生创新创业的各项优惠政策，通过财政资金引导社会资本向大学生创业项目投资，多渠道筹措资金，资助大学生创新创业。

（四）建立弹性学分制

根据创新创业人才培养要求，创新考试及学分制制度，借鉴国外先进经验，实现"创业学分制"和"弹性学分制"。一方面放宽学生修业年限，允许具备创新创业潜质的学生申请休学创业，学校应当保留处于创业期的学生的学籍。另一方面建立创新创业学分积累与转换制度。对休学创业后回校继续学习的学生，其之前以及创业过程中取得的创新创业学分可累计计算，对其毕业实习、毕业论文可采用"转换制"进行考核。具体做法包括：

1.用"创业证明"替代"毕业实习证明"

创业证明须由工商部门或者创业团队出具，凭此不仅可申请创新创业学分，而且可免于毕业实习。

2.用创业期间完成的"研究报告、策划方案等"替代"毕业论文"

研究报告及策划方案主要是指创立企业的可行性研究报告、招标投标方案以及生产产品的市场推广计划或调研报告等，凭此可申请获取毕业论文学分。

（五）建立科学的考评制度并严格执行

应构建有利于学生创新创业能力培养的评价体系并严格执行。

一是强化导师遴选和动态管理。一方面制定科学合理的导师遴选制度，把好合作导师"进口"关，使胜任能力和责任心"双强"的优秀导师脱颖而出，并吸收进入导师组。另一方面严格考评制度，实施"退出"机制，把好合作导师"出口"关。制定考评奖惩制度，明确导师的岗位职责，并定期考核，对难以胜任创新创业教育，未能履行岗位职责的导师实施淘汰制，保障导师队伍的动态管理。

二是实行学业成绩考核和评价方式的多元化。强化考查学生的创新精神和实践应用能力，改变单一的学业成绩考核方式，注重对学生在创业过程中的评价，不以创业成功与否作为最终的评价结果，主要以学生在创业实践中的体验作为其考核、评价重要绩点，并设置权重在学生评奖评优环节予以适当体现。

（六）落实激励机制

一是加大对创新创业教育专项经费投入，并采取多方措施，提高创新创业专项资金使用效益。

二是鼓励胜任能力和责任心"双强"的专业教师结对指导学生创业团队。学校应认定老师工作量，并在聘期考核、职称晋升、评优评奖环节作为重要业绩予以考虑，从制度的设置上鼓励专业教师参与创新创业教育，并贯彻落实到位。

三是对开展创新创业教育成效显著的二级院部予以表彰，并在后续课题研究的立项、相关专项经费的核拨等方面予以适当倾斜。

第三节　多元智能视角下专业教育
与创新创业教育的协同方法

在国家创新驱动发展战略的引导下，高校创新创业教育得到了快速的发展，同时也存在一些方面的缺失，存在专业教育与"双创"教育相脱节的现象。教育教学活动实践表明，所提出的协同路径和方法具有良好的教学效果。

一、多元智能理论的教育学启示

在我国的基础教育中，多元智能理论得到了高度重视，近年来进行了大量应用研究，取得了丰富的成果，但是在高等教育界则研究得较少。实际上，多元智能理论对高等教育的改革，也具有积极的启示作用。

（一）多元智能理论的基本内涵

加德纳的多元智能理论，主要有以下四个方面的含义：

第一，每一个个体的智力都具有自己的特点和独特的表现形式。在加德纳的多元智能理论看来，作为个体，每个人都同时拥有相对独立的八种智力，而这八种智力在每个人身上以不同方式、不同程度的组合使得每个人的智力各具特点，同样具有较高智力的人，可能是一名作家、一名数学家，也可能是一名运动员，等等。

第二，智力强调的是个体解决实际问题的能力和生产、创造出社会需要的有效产品的能力，智力应该强调两个方面的能力，一个方面的能力是解决实际问题的能力，另一个方面的能力是生产及创造出社会需要的有效产品的能力。

第三，个体智力的发展方向和程度受到环境、教育的影响和制约，尽管各种环境和教育条件下的人们身上都存在着八种智力，但不同环境和教育条件下人们智力的发展方向和程度有着明显的区别。

第四，多元智能理论重视的是多维地看待智力问题的方法，承认智力是由同样重要的多种能力而不是由一两种核心能力构成，承认各种智力是多维度地、相对独立地表现出来而不是以整合的方式表现出来。

（二）多元智能理论的教育学启示

在加德纳提出多元智能理论之后，各国学者主要是教育家从不同的角度对其进行了延伸研究，其中也包括一些分歧和争议。一般来说，能够获得普遍认同的多元智能理论的教育学启示包括以下三个方面：

1.人的智能是多元的

人的智能是多元的，或者说人的能力是多维度的。虽然不同维度的能力之间存在耦合关系，很难将不同的能力截然分开，不同的学者可能有不同的维度分类方法，但是可以将人的能力分成不同的维度进行研究。

2.能力既是先天性的又是后天性的

同一个个体的不同维度的能力，存在差异；不同个体某一个维度的能力也存在差异。这种差异，既有先天的因素，又有后天的因素。先天因素具有决定性的影响。

由于个体在不同维度的能力存在差异，因此需要"因材施教"，以充分发挥不同学生的能力特长，提高教育的效果；由于不同维度的能力都是可以后天培养的，因此在教育活动中，要注重多维度提升学生的能力。

二、多元智能视角下的专业教育改革

专业教育的基本任务有两个，一是传授学生必要的专业知识，二是培养学生专业知识的应用能力。这两个任务是相互耦合的，传授知识的过程中培养了学生的能力，培养能力的过程中也让学生获得了知识，一般无法将两个任务的完成过程截然分开。专业知识的应用能力，即利用专业知识分析问题、解决问题的能力，按加德纳的观点，就是"智能"，按一般创新能力的定义，就是创新能力。

为提高学生的创新能力，并在提升创新能力的基础上培养学生的创业能力，应主要立足于专业教育的改革，特别是专业教育中理论课教学的改革。通过改革专业教育的教学模式，提升专业教育对创新能力的培养效果。

从多元智能理论的角度看，要想提高学生的能力，必须因材施教。但是针对每一个具体学生来因材施教是不现实的。首先，教师的人数达不到，不可能每一个教师仅针对某个或某几个学生进行教学活动；其次是教师的能力达不到，很难要求所有专业课教师都是心理学、教育学方面的专家，或者具备因材施教所需的教育科学方面的知识和能力。但是可以将专业教育的教学活动分成几种不同的模式，让学生根据自己的特长从不同的教学模式中获取知识或提升能力，同时通过不同的教学模式，从不同的维度训练、提升学生的能力，以此起到因材施教的效果。常用的教学模式有以下几种：

（一）课堂教学模式

教师讲、学生听的课堂教学模式，是经典的教学模式，也是最为有效的教学模式，过去和现在都是主流的教学模式，在可预见的将来仍然会是主流教学模式。首先，这种教学模式，学生主要利用语言感知能力来获取知识，虽然不同学生个体的语言感知能力存在差异，但是在人的各种能力中，语言感知能力是相对比较强的，因此这种教学模式对所有学生都存在相对较好的教学效果。其次，这种教学模式比较容易实现，基本上有黑板、粉笔就可开展教学活动。再次是适用范围广，绝大多数教学内容都可以采用这种教学方式。

（二）多媒体教学模式

多媒体教学模式，是针对特定的教学内容，以模型、三维动画等方式呈现教学内容的教学模式。这种教学模式，学生主要利用音乐、空间智能来获取知识，可以作为一种独立的教学模式，也可以不作为一种独立的教学模式，而是作为课堂教学模式的辅助手段。多媒体教学模式存在一定的适用范围，有些教学内容不适合采用，或者采用的意义不大。

（三）互动教学模式

互动教学模式，学生主要利用人际关系智能来获取知识。从对象上来说有师生之间的互动和学生之间的互动，从互动的时间来分有课上、课下的互动，从互动的空间来分有真实空间的互动和网络空间的互动。互动教学模式，可以发挥并提升学生的沟通交流能力。

（四）实践教学模式

实践教学模式也是目前被广为采用的教学模式，学生主要利用身体运动智能来获取知识。实践教学模式从空间上来说，也分为计算机仿真实验（含网络虚拟实验）和真实实验两种方式。两种方式涉及的智能类别可能有所区别，但是都对获取知识、提升能力具有重要的作用。

上述各种教学模式，通常不是单独存在的，不是单独起作用，需要相互协同。专业教育的改革，就是要针对具体的教学内容，设计不同的教学模式之间的整合与互动，从而最大限度地让学生发挥自己的能力特长来获取知识，同时通过不同的教学模式对学生相应的能力进行训练。知识的学习过程和知识的应用过程，通常是融合在一起的，比如学生做一道习题，在增强对知识的理解、记忆的同时，也训练了对知识的应用能力，训练了利用知识分析问题、解决问题的能力。任何一种教学模式都有其长处也有其不足，针对具体课程或具体教学内容选择适宜的教学模式是可取的，但是整个专业教育如果偏重任何一种教学模式，便会造成"营养不良"，不利于发挥学生多元智能的特长，不利于训练学生的多元智能。只有不同教育教学模式的合理整合和互动，才能实现多元智能的利用和训练的最优化，才能通过专业教育有效地提升大学生的创新创业能力。

三、多元智能视角下"双创"教育的实施

近年来我国各高校掀起的"双创"教育热潮，大多以两种形式开展创新创业教育，一种是开设专门的创新创业课程，另一种是开展各种课外创新创业学习活动。无论是从创新创业课程与专业课程的学时数比较来看，还是从学生在第一课堂和第二课堂所能花费的学习时间比例来看，"双创"教育都应该以专业教育为基础，作为专业教育的必要补充，并对专业教育进行有意义的延伸。

（一）创新创业教育的内涵

如前所述，专业教育本身就是以培养学生分析问题、解决问题的能力作为主要任务，从这个意义上说，专业教育本身就是创新创业教育，并且是创新创业教育的主渠道。我国学界对创新创业教育赋予了特定的含义，以区分传统的专业教育，主要是为了强调创新创业教育的特点。

创新教育就是通过教学活动来培养学生的创新能力，增强学生创造新的、有用的思维产品的能力。对创新教育的理解，既要考虑创新教育的历史和已经形成的理念，又要考虑到创新教育已有的积累和将来的发展。创新教育既是一种反映时代需要的新的教育理念，也是一系列"为创新而教"的教育教学活动。从整个社会层面来看，凡是以培养人的创新思维、创新素质和创新能力为主要目的的教育都可以称之为创新教育。

创业教育是培养人的创业意识、创业思维、创业技能等各种创业综合素质，并最终使被教育者具有一定的创业能力的教育。创业教育并不等于创建企业的教育。创业首先不能仅仅被当作一种纯粹的、以营利为目的的商业活动，而是渗透于人们生活中的一种思维方式和行为模式。创业活动要求大学生具备自主、自信、勤奋、坚毅、果敢、诚信等品格与创新精神，要求大学培养未来创业者与领导者的成就动机、开拓精神、分析问题与解决问题的能力。创业教育的宗旨在于培养学生的创业技能与开拓精神，以适应全球化的挑战，并将创业作为未来职业的一种选择，转变就业观念。创业教育不仅传授关于创业的知识与能力，更重要的是，要让学生学会

像企业家一样去思考。也就是说，创业教育有两层目标：第一层目标，创业教育的主要任务是培养大学生的进取、开拓精神，使所有大学生成为高素质创新人才。这种精神是做任何事都必须具备的，所以即便没有创业意向的同学，也应该积极接受创业教育。第二层目标，培养学生形成创业所必需的领导力，包括商业谈判技巧、市场评估与预测、启动资金募集方式、新创企业申办、新创企业的风险防范和战略管理等，并使学生具备关于金融、财务、人事、市场、法规等方面的基本知识，从而推动大学生自主创业。

创新创业教育作为我国提出的一种新的教育理念，并不是创新教育与创业教育的简单叠加，而是在理念和内容上实现了对创新教育或创业教育的超越。在理解创新创业教育时，有的研究者将创新与创业割裂开来，偏离了创新创业教育的内涵。创新创业教育不是两个概念的交集，而是一个新的完整的概念。创新创业教育的核心是培养大学生创新精神、创业意识和创业能力，引导高等学校不断更新教育观念、改革人才培养模式、教育内容和教学方法，将人才培养、科学研究、社会服务紧密结合，实现从注重知识传授向更加重视能力和素质培养的转变，提高人才培养质量。在创新创业教育中，创新与创业相互作用、相互影响、贯穿始终，共同构成了创新创业教育的核心。

（二）"双创"教育应密切联系专业教育

跨专业成才在历史和现实当中都是存在的，但毕竟是小概率事件，这些小概率事件的社会影响和社会价值有可能非常大。高等教育显然不能追求小概率事件，应以培养本专业高素质的建设人才为目标，因此高校的"双创"课程和"双创"活动，应以专业教育为导向，紧密围绕专业教育开展。

1. "双创"教育应面向专业所需的能力

从多元智能的角度看，不同的专业需要的能力存在差异，"双创"教育应基于专业特点开设课程、开展活动，通过"双创"课程和活动，强化训练专业发展所需的专项能力。由于能力的耦合性，很难严格界定专业所需的专项能力，也很难明确区分一般性能力和专项能力，通常只能了解专业所强调的能力维度和一般训练方法。

"双创"教育可以发挥灵活的特点，开展丰富多彩的教育教学活动，在训练学生创新创业一般性能力的基础上，着重强化专业所需的专项能力。

2. "双创"教育应密切结合专业内容

由于电子设计类、计算机类、机器人类的竞赛比较容易开展，并且关联的专业又非常广泛，目前有影响的创新创业竞赛，基本上都为这几类竞赛。在竞赛效应的驱动下，在一些学生甚至是创新创业教育者的意识中形成一种误区，好像创新创业教育的主要内容，就是进行这几种竞赛方面的培训。然而，这些竞赛通常不要求掌握原理、算法，比如机器人设计大赛的竞赛规则明确要求不能涉及算法。竞赛内容与多数参赛学生所学的专业关联度不大，既不用掌握原理又不用设计算法，这类竞赛当然有其存在的价值和意义，但是作为目前"双创"教育的方向显然不合适。大学生创新创业训练项目，应该结合专业知识设计选题，其他"双创"教育教学活动，也应该密切结合专业实际，利用不同形式的"双创"教育教学活动，培养学生的专业兴趣，将专业科研创新能力和创新创业能力的培养相融合。

（三）"双创"教育应作为专业教育的延伸

在现有的专业教育体系中，受学时数的制约，确实对学生的创新创业能力培养方面存在一些薄弱环节，特别是在创业教育方面。"双创"教育应设法补齐专业教育的短板，作为专业教育的延伸。主要包括以下几个方面：

1.开设具有专业特色的创业基础课程

2012 年 8 月，教育部办公厅印发《普通本科学校创业教育教学基本要求(试行)》的通知，指出"高等学校应创造条件，而向全体学生单独开设'创业基础'必修课"；同步还印发了《"创业基础"教学大纲(试行)》。开设创业基础课程时，要以教育部的教学大纲为基础，融入专业元素，增加专业相关案例，通过创业基础教育教学活动，弥补专业课教育在创业教育方面的不足。根据教育部的文件精神，近年来我们陆续开出了具有专业特点的"大学生创新基础"和"大学生创业基础"课程，作为实现专业教育与"双创"教育耦合的一个路径。

2.与企业协作开展协同创新活动

与专业相关的企业协作，聘请企业家或企业科技人员作为创新创业指导教师，以企业的真实课题作为大学生创新创业训练项目的课题，加强大学生与企业家、企业科技人员之间的互动协作，开展大学生与企业之间的协同创新教育教学活动，增强学生的专业兴趣，着重培养学生的"岗位创业"意识。

3.开展多元化的课外创新创业活动

实施"大学生创新创业训练项目"，应注重以专业科研前沿相关的研究内容，作为训练项目的课题，结合开设创新思维选修课程、举办各种形式的讲座，增强学生的创新意识。开展与专业相关的创新竞赛，开设创客空间，举办创客沙龙，等等，利用丰富多彩的课外创新创业活动，多元化训练学生专业相关的创新创业能力。

第四节　协同创新视角下高校创新创业项目

在政府政策推动与高校支持的"大众创新、万众创业"新浪潮下，大学生参加创新创业项目已成为自身培养创新意识、提高创新能力的主要实践形式，同时其对高校创新教育建设、区域经济发展以及产业结构优化升级具有重要意义。

近几年来，高校创新创业教育作为国家创新驱动战略中创新人才培养的关键环节，受到了政府政策的高度支持，并在产学研协同创新理论研究中摸索出了一条以创新创业项目为核心的创新实践培养之路。高校希望通过鼓励大学生参与创新创业项目，激发学生的创新意识、培养并提高学生的创新能力，加速高校科技成果转化，进一步激发市场活力与社会创造力，推动区域经济发展。因此，积极参与创新创业项目，提高创新创业项目质量是国家提高科技创新与产业发展能力、实现充分就业和经济持续发展的重要保障。

一、协同创新视角下对于创新创业项目的问题分析

由于政府政策的全面支持贯彻以及高校主导的创新创业教育的推进，高校创新创业项目的主要实践人群集中在大学的本科生、研究生以及博士生，主要通过创新学科竞赛的方式参与创新创业项目，并在政策扶持与高校助推下进入市场实践创业。从总体上看，现阶段大学生参与创新创业项目的总体趋势偏向于商业模式创新。

协同创新的本质是在利益一致性与目标共同性的前提下创新主体通过机制性互动将各种创新资源协同整合从而产生系统涌现性，带来价值增加与价值创造的协作行为。从协同创新的视角下，在政府政策对创新主体与创新项目全面扶持的宏观环境中，可以从企业、高校与学生这三个维度中找到问题的根源。

（一）企业与高校之间缺乏共同目标协同性，市场信息不对称

就目前我国学者对于产学研协同创新的一系列研究显示，企业作为将技术快速产业化与商业化、以盈利为导向的产学研协同创新中的重要组成部分，其具备的资源在于拥有丰富的资金储备、研发设备、市场信息与营销经验，也应该是创新创业项目走向市场的重要桥梁之一。

从企业方面看，企业需要引进高新技术以拓展市场，增加营收，在互联网经济高速发展的背景下，更加迫切需要缩短科技成果转化周期并增加技术迭代的频率；从高校方面看，创新创业项目是科技成果转化的市场表现，培养学生将科技成果与市场需求融合的综合能力，因此高校需要从企业中除了获得利益之外，还需要丰富的市场信息与动态的市场发展趋势，用于投入对学生的创新创业教育与创新创业项目扶持。

因此，在企业与高校合作缺乏共同目标协同性的情况下，企业将缺乏市场性的科研成果直接送到生产线，大大增加了转化成本，同时高校的创新创业教育难以得到全面的市场信息，导致学校孵化的创新创业项目存在与市场需求联系不紧密，脱离市场等一系列的问题。技术创新类项目缺乏具有市场导向的需求分析，研发产品难以赢得消费者；商业模式创新无法通过市场信息分析竞争要素，在市场上难以获

得竞争力，企业与学校双方市场信息不对称，致使学校不能够高效地联动企业，不能实现将企业所具有的市场实践与高校的专业知识教育有效对接，无法实现高校中创新创业项目的实践性与市场性。

（二）高校与学生之间缺乏内部机制协同性，创业项目资源整合能力较低

大学生作为创新主体尚且缺乏市场敏锐性、社会实践性与资源整合能力，所以高校是将创新主体向潜在创业者转变的引路者，肩负着培养具有新时代特色的创新型复合人才的使命。从目前高校组织大学生参与的创新创业项目看，存在组织松散低效这一问题，主要表现在高校的院系之间、职能部门之间缺少内部机制的协同性。

部分高校的院系之间存在着潜在的利益博弈，在创新学科竞赛中都作为独立的利益主体进行专业领域的研发，忽略了创新创业项目本身复合多元的特性。技术创新类项目缺乏系统的市场需求分析、营销战略管理以及推动项目持续运营的盈利模式，商业模式创新类项目缺乏技术壁垒、完整稳定的程序后台，这正是院系独立研发运行项目时产生的问题。

而在高校职能部门的运营中，多头管理的模式是高校内部组织缺乏机制协同性的突出反映。创新创业教育属于高校教务部门管理，创新创业科研竞赛由校共青团委员会负责，而科技成果转化、大学科技园区的服务管理由高校学生处负责。多头管理的高校创新创业项目管理模式造成了高校内部组织的混乱与松散，无法形成"聚合力"，提供真正切实有效的创新资源。

（三）学生与学生之间缺乏价值需求协同性，创业人才缺乏多元视角

学生作为创新创业项目的主体，其主观能动性极大程度上决定了项目的成败。在院系独立利益主体博弈的背景下，为了创新创业项目更好地推进，学生产生了学科间知识相互借鉴的协同需求，在此基础上，能够认可跨学科、跨知识层面的价值，拥有合作的共识，做到价值需求的协同，才能满足独立学科之间的合作交流，使创业团队变得多元。

但是学生与学生之间正是缺乏这种价值需求协同性，一是因为缺少交流平台，高校中大学生的交流平台以社团、学生会为主，以兴趣与职能作为交流介质，而以创新驱动的交流平台仅限于高校组织的创新创业教育活动，学生之间缺乏互动了解能力的机会。二是知识体系差异造成的创新思维差异，现阶段技术创新类项目以光电、能动、机械等理工科专业为主导，而商业模式创新类项目是以管理、经济等商科专业为主，不同知识体系的学生思维模式存在差异，在交流互动时存在差异性，造成不便。三是学科间的认可度较低，大多数学生仍是处于以自我为中心导向阶段，在创业团队中的认可、尊重与融合仍是一个值得摸索的过程。因此，创业团队中难免会出现单一优势学科突出而创业模式不完善的局面，创业人才缺乏多元性的背景下也很难产生具有可持续发展能力的创新创业项目。

二、多元协同创新对有效推进创新创业项目的对策

（一）战略协同，高校深化与企业合作

战略协同意味着企业与高校在价值取向协同的基础上实现双方共同利益最大化，由于企业需要引进高新技术、高校需要企业的市场信息、资源渠道的帮助，双方需要通过战略协同的方式，打造交流网络，提高信息协同的效率，加速优势资源的互动，从而推动创新创业项目发展。

科技园区作为企业与高校紧密交流与合作的平台应该降低准入标准，开放对象不应该仅限于已成立公司的初创型企业，还应该对准具有一定潜力的创新创业项目。创新创业项目入驻科技园区，使企业融入科技成果转化研究过程，减少转化成本，同时高校可以实现对学生与项目从校园到社会市场的实践培养，在此过程中，项目本身可以在信息协同网络中不断更新产品，探索可以引领市场需求的商业模式，实现创新创业项目的落地。

高校创新创业项目的借鉴方向不能局限于校友创业、高校合作的制造业、服务业、文化创意类等企业，还应该为创新创业项目寻求多元视角。通过与投资、咨询类企业合作，可以更多地得到项目盈利潜质、创新前景与未来发展方向的指导，从

而焕发创新创业项目新活力。

（二）组织协同，高校组织机构的系统整合

组织协同是指高校院系的交流合作平台与职能部门协同机制的建立。组织协同是高校内部协调整合的必经之路，是加强高校资源整合能力，做好创新创业项目后勤保障服务，提高高校整体创新水平的重要基石。

在院系交流平台的建立上，高校应树立协同创新的意识，鼓励院系交流分享学科优势资源，主动提倡优势互补的内部合作，努力促成跨学科、跨院系的协作创新要素整合，提高创新创业项目的综合质量。高校职能部门同样需要建立内部资源共享与协作机制，为创新创业项目的各个阶段提供服务与支持，在具体的实施阶段之初，高校可以提供科技成果转化的市场前景、应用场景等方面的指导；项目中期为学生提供申请发明专利和实用新型专利的快捷通道；项目末期帮助创新创业项目孵化，保障项目的持续运营。高校内部组织协同打造的合作交流平台，能够高效整合资源共同为创新创业项目提供服务与支持。

（三）知识协同，高校提供学科交流促进人才培养

知识协同是不同学科间知识体系、思维方式的相互渗透与融合，从而产生创新性知识的阶段。在鼓励院系间合作的大背景下，应该关注学科交流，关注学生的多元培养。交叉学科的创新人才培养是知识协同在创新创业教育中的表现形式，也是培养具有新时代特色的复合人才的重要方向，在交叉学科培养方式中使创新主体拥有跨学科的专业知识以及多元化的思维视角。

学科交流的主要培养方式是希望在创新人才学习多元学科优势知识的背景下，拥有完整的商业逻辑，加速创业团队的内部融合与沟通。在创新创业项目的实践过程中，技术创新人才在了解市场需求与痛点的同时将市场信息融入技术更新产品升级的战略中，也可以使商业模式创新人才将人性化、智能化的品牌营销策略贯彻至互联网终端的使用性能中，所以学科交流是通过学习多元学科知识，培养创新主体的多元视角探索市场，从而创造出兼具技术与商业模式创新的高质量创新创业项目，推动传统产业结构的优化升级。

第五章　高校创新创业教育与人才培养

第一节　"双创"背景下高校创新创业教育人才培养体系

在"大众创业、万众创新"的时代背景下，高校创新创业教育人才培养体系构建对于培养创新创业人才、推动国家及社会发展具有重要的现实意义。然而目前我国高校创新创业氛围较为薄弱、创新创业课程体系设置不健全、创新创业教师团队专业素质参差不齐，很大程度上制约了高校创新创业人才的培育和成长。为此，高校应多管齐下，从氛围营造、课程体系、师资队伍、实践平台、创业活动等多方面着手，着力构建科学的创新创业教育人才培养体系，为社会输送高素质的创新创业人才，从而推动国家、社会、民族的繁荣发展。

随着知识经济时代的到来，全球经济一体化趋势逐渐加强，世界范围内人才竞争日益激烈，创新创业教育已成为当今世界各国教育改革的潮流。然而我国的创新创业教育起步较晚，同时面临着一系列现实问题。

一、高校创新创业教育人才培养体系构建的意义

创新是引领时代发展的第一动力，创业是推动经济发展、促进社会进步的动力源泉。我国从 20 世纪 90 年代开始参加创业教育国际合作项目，部分高校结合当地

实际和学生特点进行了创业能力教育的探索和尝试，尽管取得了一些成果，但从总体上看，目前我国的创业能力教育仍处于初级阶段和试验过程，对学生创业能力的培养教育和研究工作开展得比较少。尤其是对在校大学生创业能力的培养主要是集中在工科和商科类专业当中，高校开设的"大学生就业指导""大学生职业生涯规划"课程往往只停留于就业指导层面，无法提高学生的创业素质。目前，越来越多的学生在毕业后选择了自主创业的就业渠道，由于在校期间缺少创业方面理论课程和实践教学环节，所以往往无法把握市场的脉搏，而是完全凭借家庭的因素去进行创业。因此，构建科学的高校创新创业教育人才培养体系，在大学期间培养和提升学生的创业意识及创新创业能力具有重要的现实意义。

二、高校创新创业教育人才培养体系构建面临的挑战

（一）校内创新创业的氛围较为薄弱

目前一部分院校的发展重点仍放在专业人才教育上，在创新创业教育人才培养方案的建立、创新创业项目培育及孵化等方面不够重视，导致校内创新创业氛围较为薄弱，学生对创新创业知之甚少、了无兴趣，学生创新创业人数少、比例低。这使得部分有创新创业意向的学生因得不到必要的指导及相关政策支持而孤军奋战，甚至遭遇困难、中途放弃。而高校中的一般学生群体也因为不了解国家、省、市及高校的创新创业扶持政策，而对创新创业漠不关心，没有自主创业的兴趣和意向。普通学生无创业意向，创业学生无帮扶支持，久而久之将形成恶性循环，对高校创新创业教育人才培养造成极大阻力。

（二）课程体系设置不健全

高校创新创业教育人才培养体系构建面临的第二大挑战是课程体系设置的不健全。目前国内多数高校都开展了"大学生就业指导""大学生职业生涯规划指导"等就业指导类课程。然而此类课程与创新创业教育课程截然不同，课程内容以生涯规划或求职就业为主，创新创业最多只作为其中的一个章节在课程内出现，无法启

迪学生创业灵感、激发学生创业兴趣，对提升学生创新创业实践能力的作用更是微乎其微。目前，部分高校开设了创新创业类选修课程，但是仍面临着课程体系不科学、不健全、不成熟，受众群体小、服务学生少等现实问题，制约了高校创新创业教育的健康发展。

（三）创新创业教师团队专业素质参差不齐

高校创新创业教育人才培养体系构建面临的第三大挑战是创新创业教师团队专业素质参差不齐。作为创新创业指导教师团队的成员，只有扎实的专业知识是远远不够的，还要拥有丰厚的实践经验。然而一般高校的教师只专注于专业知识领域的研究，在大学毕业之后取得硕士、博士学位，继续专业领域的钻研。在毕业之后直接应聘进入高校，成为一名大学专职教师或辅导员。因此，多数教师在进入高校前并未学习过创新创业相关知识，仅在进入高校后因工作需要短暂地参加了创新创业教育培训，学习了创新创业理论知识，缺少亲自成立企业或者在企业内负责管理运营的实践经验。这样的指导教师可以为学生教授一定的创新创业理论知识，依据自身人生经历给予学生一定的意见和建议，但在学生创新创业的实践过程中很难进行具体的、经验性的指导，对学生的帮助具有很大的局限性。

三、高校创新创业教育人才培养体系构建的路径

（一）营造创新创业良好氛围

"双创"战略背景下，高校创新创业教育人才培养体系构建要迈出的第一步，就是营造全校创新创业的良好氛围。2015 年，为了进一步促进就业、鼓励创业，国务院印发了《关于进一步做好新形势下就业创业工作的意见》。随后各省市也出台了一系列促进创业工作的政策。为了激发大学生的创新创业热情、增强创新创业意识、提升创新创业能力，各高校应该紧跟时代步伐，积极响应国家方针政策，制订学校就业创业工作专项计划，给予创业大学生教育、资金、场地、创业指导等方面的政策支持，利用完善的顶层设计为学生的创新创业之路保驾护航。其次，高校应

该利用线上线下多种途径，加强宣传引导。在线上利用校园网或社交平台，广泛宣传创新创业优惠政策。在线下，通过主题报告、讲座、创新创业交流会、主题班会等各种活动，树立创新创业典型，激发学生创新创业的热情和决心。第三，应该广泛开展"互联网＋"大学生创新创业大赛、优秀创业项目遴选等创新创业类赛事，引导学生积极参加、主动交流，营造校内创新创业良好氛围。

（二）建立科学的创新创业课程体系

高校应通过科学设计创业人才培养方案，开展创业意识、创业知识、创业技能，尤其是创业精神的系统教育，进一步激发学生的创业热情，转变学生的就业观念，开发学生的创业潜能，增强学生捕捉机会、把握机会、利用机会、创造机会的能力，为社会培养更多具有现代意识和时代精神的创新型、创造型、创业型人才。为此，高校首先应设立创新创业课程，加强第一课堂建设。课程应遵循人才培养目标及大学生成长成才规律，合理分配理论学习与实践环节，科学地构建创新创业课程体系。通过第一课堂的教学，激发学生的创造性思维，增强创新创业热情，丰富创新创业理论知识。其次，开设校友讲坛、创新创业大讲堂，发挥第二课堂育人功效。在第一课堂之外，可以邀请经、管、法、文、理、工等多学科的创新创业人士或优秀校友来校开展创新创业讲座，结合自身专业背景讲述成长成才经历及创新创业经验，以激发学生的创新创业热情，为学生提供更有针对性的指导和交流。再次，搭建创新创业线上学习平台。高校应为学生提供国内外知名高校的创新创业线上课程的学习资源，打破时间与空间的界限，弥补第一课堂教学和第二课堂实践的不足，为学生提供更多更优质的学习机会。

（三）优化创新创业师资队伍建设

创新创业对于大多数大学生而言是零起点、零经验，在大学生创新创业指导过程中，教师的作用显得尤为重要。为此，高校首先应引进优秀的创新创业教师。理论知识充足、实践经验丰富的优秀创新创业教师对启发学生创业灵感、意识、热情，进而提升学生创新创业能力具有重要的意义。高校应加强专兼职创新创业讲师队伍的建设，聘请高质量的专职创新创业教师，同时也应从企业聘请一些成功的创新创业人士，以他们丰富的企业运作经验来指导学生更好地开展创业实践活动。其次，高校应搭建创新创业教师素质提升平台。在引进优秀师资的基础上为创新创业指导教师提供集中培训或轮训的机会，促进创新创业教师自身素质的提高。同时应支持创新创业指导老师到企业进行挂职锻炼，丰富自身实践经验，从而为学生的创业实践提供更好的指导。再次，高校应该建立良好的创新创业教育激励制度。对于在指导学生创新创业方面取得突出成绩的教师给予一定的奖励和支持，激励教师在创新教育方面付出更多的努力，取得更加优异的成绩，从而更好地促进教师自身和学生的长远发展。

（四）打造创新创业实践平台

创新创业绝非纸上谈兵，需要在实践中不断学习锻炼。目前场地租赁困难、启动资金不足成了大学生创新创业实践道路上的绊脚石，是有创业意向的大学生所面临的普遍问题。为此，高校应首先建立大学生创新创业中心，为大学生创业实践提供软、硬件保障。创新创业中心应集合创新创业教育、创新创业项目遴选、项目孵化、创业指导、场地支持等功能，为在校大学生的创新创业实践提供全方位的指导和保障。其次，高校应进一步深化校企结合，与企业联合建立实践基地或创新实验室，为学生创新实践能力的提高提供更多的机会和保障。

（五）大力开展创新创业活动

各高校可从学校、二级学院、学生社团等不同层面以不同的学生群体为对象，开展形式多样、内容丰富的创新创业活动。如创新创业项目交流会、创业经验交流会、主题报告会、项目指导会等，使不同年级、不同层次的学生都能够了解创业、关心创业，激发学生创业意识，鼓励学生开展创业实践。

高校作为人才培养的主阵地、在创新创业人才培养方面发挥着至关重要的作用。教育兴则国家兴、教育强则国家强。在"大众创业、万众创新"的时代背景下，高校应多管齐下，以营造创新创业良好氛围、建立科学的创新创业课程体系、优化创新创业师资队伍、打造创新创业实践平台、大力开展创新创业活动来构建科学的创新创业人才培养体系，不断为社会输送创新型、创造型、创业型人才，增强民族的创新创造活力，更好地推动国家的长远发展，迎来中华民族伟大复兴的灿烂前景。

第二节　将创新创业教育融入高校人才培养过程

随着国家经济的飞速发展，社会对高素质创新创业人才的需求日益强烈。而高校作为人才的输出口，培养学生的创新创业意识尤为重要。2015 年 5 月，国务院办公厅发布了《关于深化高等学校创新创业教育改革的实施意见》，意见中明确提出把深化高校创新创业教育改革作为推进高等教育综合改革的突破口，树立先进的创新创业教育理念，努力培养大众创业、万众创新的生力军。教育改革迫在眉睫，将创新创业教育融入日常的课堂教学中成为高校教育模式改革中至关重要的一步。但创新创业教育不只是简单鼓励学生自己去创业，同传统的高校教育理念相比，创新创业教育模式是以引导为主，以引导学生进行自主创业为最终目标，培养学生的创新创业精神，激发学生的创新创业意识，全面提高学生的创新创业综合能力和创新创业领导能力为目标的社会导向型多元化人才教育。

党的十九大报告提出："创新是引领发展的第一动力，是建设现代化经济体系的战略支撑。""激发和保护企业家精神，鼓励更多社会主体投身创新创业。"把创新放到国家发展大局的重要位置上，对创新创业型人才的培养做出了战略部署。2017 年，国务院印发《关于强化实施创新驱动发展战略进一步推进大众创业万众创新深入发展的意见》，明确提出了"大众创业、万众创新深入发展是实施创新驱动发展战略的重要载体"，在更大范围、更高层次、更深程度上推进"大众创业、万众创新"。高校是创新创业型人才培养的主阵地，应在创新创业的大潮中发挥积极作用。将创新创业的意识培养融入日常的课堂教学中，是高校教育改革的第一步。

传统的教育模式下，课堂教学更加注重的是学生对于专业知识的接收。长期以来，由于传统高等教育偏重课堂，偏重理论讲授，一些高校教师本身缺少创新创业教育理念，教学理念更多地停留在为了教学而教学的认知层次，教学内容不能与时俱进，教学方法陈旧单一，忽视了对学生独立动手能力、发现问题和分析解决问题能力、创新能力等的培养，很少关注创新思维训练和创业意识的唤醒。想要学生更具有创新和创业意识，就要先变更课堂的教学模式。创新创业教育是一门实践性非常强的学科，要推进其融入课堂教学，必须注重理论与实践两方面相互对接，相辅相成，才能保证教学效果。教学效果好，各高校才能更加关注，进行教学资源整合的力度才能越大。学校在设置与创新创业教育相关的课堂学习学分的同时，配合设置创新创业方面的课外学分制度。在教育教学内容中将课堂内外融合渗透，促进学生学以致用、学有所用，成为创新创业教育全面融入课堂教学的内生性动力。

一、高校创新创业教育融入人才培养全过程必要性

(一)国家创新驱动发展的战略部署

我国知识经济和新工业革命持续深度发展，在新时代下，坚定实施创新驱动发展战略是建设创新型国家的必然选择。在国家创新驱动发展的战略部署中，高校承担着重要的引领支撑作用。国务院办公厅《关于深化高等学校创新创业教育改革的实施意见》中明确指出："深化高等学校创新创业教育改革，是国家实施创新驱动发展战略、促进经济提质增效升级的迫切需要，是推进高等教育综合改革、促进高校毕业生更高质量创业就业的重要举措。"这标志着高校创新创业教育从"以创带就"进入"双创"驱动发展的新时期。同时进一步确定了高校创新创业教育的重要定位，明确了深度开展高校创新创业工作是国家加快创新驱动发展战略实施的有效抓手。

(二)国家经济持续发展的新动能

将高校创新创业教育融入人才培养体系全过程是在新的历史条件下，推动我国

经济发展的强大动能，是高校主动融入新常态、把握新常态的必然途径。当前，我国经济已由高速增长转向高质量发展。这也对高校人才的培养质量提出了更高要求，即高校毕业生应能尽快适应我国现代化经济体系的建设，符合创新型人才评定标准。因此，探究高校创新创业教育融入人才培养全过程的路径，促进高校创新创业教育结构体系化、专业化，是实现以创业带动就业、以创新带动高科技经济增长的迫切需求。

（三）高校培养高素质人才的需要

高校创新创业教育融入大学人才培养的过程，是培育高素质人才的重要环节。

第一，创新创业教育融入是全面的动态过程。在融入过程中，高校及时吸纳先进的育人理念，不断强化高校人才培养的体系建设，完善学生创新创业理论知识和实践能力的培养模式，对使学生成为符合社会经济发展需要、具备创业基本素质和开创型个性的人才有着不可替代的作用。

第二，高校创新创业教育与人才培养相融合，实现创新创业教育的第一课堂理论教学与第二课堂实践的融会贯通，兼顾学生的专业知识与实践能力，充分激发其创新创业意识、培养企业家精神，对高校培养高素质人才起到显著作用。

二、当前创新创业教育融入人才培养过程存在的问题

（一）创新创业目标理念需进一步转变

我国很多高校创新创业教育目标理念的不足主要体现在三个方面：

一是高校顶层设计的创新创业教育目标理念存在局限性。现阶段为了更好地就业，毕业生的创新创业教育已然成为高校缓解就业压力的渠道之一，有的高校对创新创业教育的目标理念片面化，忽略了全面融入和全过程融入，缺乏培养创新创业人才的远景规划。

二是教师层面的教学目标理念存在局限性。基于国家政策导向及高校创新创业人才需求的压力，一部分高校的创新创业教育课程在极短时间内全面开设，开设创

业教育课程的任课教师没有任何相关的创新创业教育背景和经历，只是延续传统的以知识传授为目标的教学理念，从而不能充分挖掘大学生的创新创业潜力，激发大学生创新创业能力的全面提升。

三是学生的学习目标和学生家长的培养理念存在局限性。受家庭环境育人导向的影响，高校很多大学生认为创业就是做生意，创业就是"不务正业"，上了大学进行专业课程的学习就没有必要参加创业类课程的学习，忽略了创新创业教育更多的是企业家精神的塑造和创新创业能力的培养，而这些才是大学生所迫切需求的。在校大学生自身学习目标理念的局限制约了学生个体的发展方向。

(二)创新创业课程体系单一

近几年，国内高校逐渐将创新创业教育融入大学生第一课堂教学，创新创业相关课程在各个高校全面开设，但课程体系单一、课程内容匮乏、授课方式单调等问题已经普遍成为高校不能全程化融入创新创业教育的因素之一。课程体系不健全主要体现在大部分高校的创新创业课程都是通识选修课的课程性质，缺乏专业化的创新创业培训课程体系和知识点结构，导致学生接受创新创业知识的广度和深度均受限；课程内容匮乏表现在大部分课程内容以创业基础理论介绍为主，缺乏与时俱进的创新创业内容的有效融入，致使创新创业教育的针对性和实效性不强；单调的授课方式与我国现阶段社会发展以及大学生的特点不契合，不能够很好地激发大学生的创新创业热情，直接影响大学生创新创业的主动性。

(三)创新创业实践平台需进一步搭建

在实践层面搭建创新创业实操锻炼平台是高校创新创业教育的重中之重，不仅可以深层次激发学生内在的创新创业意识，还可以深入挖掘在校大学生的创新创业实践潜力。但是承接性实践平台的短缺、持续性孵化平台的缺失成为当前高校创新创业教育融入大学生人才培养过程存在的问题。

首先，有的高校的创新创业实践平台仅局限在创新创业大赛、创新创业实习等体验式的第二课堂培训，缺乏持续性支持大学生创新创业项目的承接性实践平台。

其次，大学生创新创业原创项目的成果转化急需多方面的实践支持，包括来自高校的以及社会资源的支持，例如来自校内外具有创新创业相关经历的指导教师实践指导、来自社会或企业的天使投资等面向高校学生的资金支持，以及大学生创新创业项目赖以生存的校内外孵化平台资源等。而有的高校恰恰由于地理位置、办学条件等客观因素的影响，缺少来自社会、企业以及高校针对学生项目的持续性孵化平台，从而严重阻碍大学生优秀创新创业项目的成果转化以及项目与市场的有机融合。

三、高校创新创业教育融入人才培养全过程的路径设计

(一)培养学生的创新创业意识

教育改革的第一步是解决学生创业意识薄弱的问题，应先从此处入手，在学校内开展一些培养创新意识的课程及课外活动。高校的自由时间相对充裕，第一可通过增设相应的课程，例如在专业课中融入创新意识培养或专门开设相关的思想教育课程，着重培养学生的创新创业意识。通过实例的讲解，让学生充分了解创新创业意识的重要性，灌输在当今社会竞争激烈的大环境下，拥有创新创业意识在以后的就业和发展中是何其重要。第二，可以充分利用课余时间，调动学生会及社团的力量，开展一些关于创新创业的活动，例如"大学生创新创业大赛"，并且在活动中与企业合作，对于表现优秀的学生实行毕业推荐就业的奖励机制，激励学生进行创新创业的行动。充分利用高校现有的资源，通过方方面面层层渗透，全面培养学生的创新创业意识。

(二)丰富创新创业课程体系

针对创新创业课程体系单一的问题，着重从两方面入手。

首先，以第一课堂为切入点，将创新创业教育融入专业教育全面深化高校创新创业改革，加快整合第一课堂教育教学资源，构建"理论—实践"有效融合的培养模式，是高校创新创业教育融入人才培养全过程的内在要求。具体表现在高校要针对各年级学生开设分层次的创新创业必修、选修、实习、实训、实践等多角度课程，

并基于学生培养的实际需求，不断完善创新创业课程的全程化建设，以激发学生的创新创业意识为主导，以专业知识为依托，拓宽学生的创新创业思路。同时要增强创新创业教育的专业化程度。主要体现为开设学科性的创新创业教育课程，以修满相应学分为基础，引导学生把专业知识与创新创业实践进行有机融合，实现高校创新创业教育与专业教育的渗透和交叉，进而培养出一批具备创新能力与企业家精神的高质量人才。

其次，将创新创业融入高校思想政治教育，是当前历史背景下思想政治教育理念、载体、模式的新尝试。高校创新创业教育和思想政治教育都是人才培养中的重要一环，存在教育交叉的契合点以及合理可行的融合点。引导学生形成正确的思想价值观念是创新创业教育的首要任务，再通过专业化、体系化的育人模式实现高校人才的培养目标；思想政治教育过程引入创业教育，丰富学生思想政治教育内容，创新学生思想政治教育的方法，增强思想政治教育的实效性，在实现对学生的人文关怀的同时，强化学生的创新意识，培养学生的企业家精神。思想政治教育对创新创业教育的价值引领，要采用适合价值融入的基本机制，加快二者相互协同、互动和融合的过程，从精神实质和价值导向等方面为高校创新创业教育指明新方向，加快建立更加全面的创新创业人才培养的体系模式，进一步推动高等教育综合改革。

（三）构建创新创业实践平台

学生形成完备的创新创业理论知识框架的有效途径是第一课堂教育，而对学生创新创业思想意识以及创新创业能力的培养却应贯穿于第二课堂。第二课堂是第一课堂教育的补充和延伸，是实施创业教育的首要渠道。高校应着力建设以实践育人为导向的第二课堂人才培养体系，多角度提升大学生创新创业能力，引导学生将理论与实践深度融合。第二课堂活动的开展要注意与第一课堂相互融通，将学生的创业想法以切合实际的实践形式进行转化，全面厚植学生创新创业意识，为条件成熟的项目搭建孵化平台，切实提高高校人才培育水平。创新创业的教育不仅仅局限于学校，完整实践平台的搭建应以学生兴趣为导向，将其拓展到社会实践中去。高校应申请相关经费，设立实实在在的创新实践项目，让学生能实实在在地投身到项目中去，经历创新创业的过程。学校也应与相关企业建立合作机制，与企业共同培养适合企业发展的创新型人才。借此合作推荐学生到企业中去，提前接触真的项目，让学生提前了解工作内容，在实际的工作中培养创新创业精神，进一步完成优秀创新创业项目的成果转化以及项目与市场的有机融合。并且以这些措施将校内外创新创业实践平台的搭建融入第二课堂活动，在培养学生创新创业意识的同时，打造具有高校特色的创新创业校园文化。

为了高校高等教育改革和发展，将创新创业教育全程融入大学人才培养全过程已经成为大势所趋。近几年，随着我国高校创新创业教育理念的改善，国内高校对大学生创新创业教育从新的机制、新的思路两方向进行了积极的探索，逐渐将大学生创新创业精神的培养作为教育改革的基本出发点和落脚点。通过专业课程课堂教学模式与第二课堂相结合的方式，以面向工程为导向、以创业项目为载体、以能力培养为关键、以全面发展为目标，进行教学改革。在教学过程中把学生放在第一位，教师把之前的讲课模式变为指导模式，让学生在自主探究、操作和讨论等活动中获得知识和技能。通过将创新创业实践融入教学，使学生更正确地去切身体验实践活动，培养其创新创业意识和能力。但是，与其他国家高校相比，我国高校大学生的创新创业教育尚处于起步阶段，尚未形成持续的、系统的大学生创新创业教育机制。形成具有中国特色的创新创业教育全程化培养新模式、形成符合我国当前国情的高校大学生创新创业教育体系，仍然是当前相当长一段时间内国内高校要面临的重要课题。将创新创业教育融入大学人才培养全过程还是一个艰巨的且需要不懈努力的任务。

第三节 基于创新型人才培养的
高校创新创业教育研究

在国家创新驱动发展战略背景下，加强创新型人才培养是高校服务创新型国家建设的重大战略举措，也是高校开展创新创业教育的价值诉求。创新创业教育作为一种素质、实践以及个性化教育，是培养创新型人才的有效路径，也是我国高等教育改革突破、促进创新型人才培养的切入点。但是，我国创新创业教育基于创新型人才培养的视角还有很大的完善空间。对此，高等学校首先要明确"以培养创新型人才为导向"的教育理念。其次，为了实践这一理念，高校应该从教育者、受教育者、教育影响这三大要素出发，构建较为完备的创新创业教育保障体系，以推动创新型人才的培养。

在高等学校发展的过程中，社会赋予其人才培养的职能始终未曾改变。随着市场经济的深入发展，国家对人才的需求发生了变化，对教育尤其是高等教育也提出了更高的要求。传统的以就业为导向的高校人才培养模式，已不能适应社会的发展。为此，高等教育应该适时做出调整，把创新贯穿于人才培养的过程中，以培养创新型人才为目标，来满足国家和社会的需要。创新创业教育，作为一种与时代精神相吻合、与社会需要相适应的与时俱进的人才培养模式，对于创新型人才培养具有重要的推动作用。

一、创新型人才的内涵与特征

21 世纪，全球进入知识经济时代。知识经济的关键是科技，灵魂是创新创业，根本是人才。所以，在这一背景下，知识的创新需要科技，而科技的创新则需要人才的创新。因此，培养创新型人才无疑成为知识经济时代一个艰巨而光荣的任务，这一重任也就落在了高等教育的肩上。对于创新，许多学者都提出过自己的见解。潘懋元教授曾将其总结为以下公式："创新＝科学规律＋想象力＋实践检验"或"创新＝求同思维＋求异思维＋实践检验"，即创新不仅要敢想敢干，而且要在具有科学知识和实事求是的基础上敢想敢干，并且还要能够付诸实践。所谓创新型人才，是指既具有广博而稳定的知识结构，又具有想象力丰富、勇于探索和冒险等创新素质，并且具有将其转化为行为的创新实践能力的复合型人才。

美国心理学家托兰斯（Torrance，E.P）曾对 87 名教育家做过一次调查，要求列出创新型学生的行为特征，其中被多次提到的行为特征有：好奇心，不断地提问；思维与行动的独创性与独立性；想象力丰富，喜欢虚构和叙述，富于幻想；不随大流，不过分依赖集体的意志；主意多，喜欢搞试验；顽强、坚韧等。因此，基于知识、素质和能力的统一，创新型人才应该具备以下基本特征：一是创新意识，具有很强的好奇心和求知欲，把追求创新作为自身的兴趣和爱好；二是创新精神，具有敢于质疑和坚持不懈的精神，为了达到创新不惜开拓冒险、自主奋斗；三是创新思维，既具有稳定的知识结构，又不墨守成规，不仅能揭示客观事物的本质与联系，而且善于提出新观点、运用新方法；四是创新能力，在具备以上特征的基础上，能够将创新付诸操作和实践，从而形成创新成果。

综观我国高等教育人才培养模式，主要表现为教师将既定的系统知识传输给学生，在此过程中教师和学生分别扮演知识的传授者和接收者的角色。如此的人才培养模式下学生不需要主动地去探究和思考，显然并不能很好地激发和培养学生的创新意识、创新精神与创新思维、创新能力。创新创业教育作为一种新的人才培养模式，能够通过政策引导、项目带动、平台支持等手段，实现从注重知识学习向更加重视能力和素质培养的转变，促进创新型人才培养。

二、创新型人才培养：高校开展创新创业教育的目的价值

2015 年政府工作报告中，多次强调"大众创业、万众创新"，高等学校作为大

众的一分子，成为创新和创业的一个主要载体。因此，高校创新创业教育成为国家创新驱动的一大发展战略。然而高校要想完成这一创新驱动，首先应在认识层面明确创新创业教育的价值追求。所谓价值，是客体与主体需要之间的一种特定关系，即客体在多大程度上能够满足主体的需要。主客体之间的这一特定关系是极其复杂的，明晰一个事物的价值，需要弄清主体和客体的复杂关系。对于创新创业教育，其主体是受教育者，客体是创新创业教育本身。因此，创新创业教育的价值应该是该教育在多大程度上能够满足受教育者的需要。就需要而言，马斯洛的需要层次理论，将其分为生理的需要、安全的需要、归属与爱的需要、尊重的需要和自我实现的需要。需要层次理论在一定程度上决定了价值的层次，主要可以划分为工具价值、功能价值和目的价值等。且根据各层次需要的性质，生理的需要和安全的需要属于工具价值层次，归属与爱的需要及尊重的需要属于功能价值层次，自我实现的需要属于目的价值层次。相对而言，工具价值和功能价值更具有功利主义的性质，而目的价值更具有非功利主义的性质。

对于高校开展创新创业教育的价值，不同的人有不同的观点，总体而言主要有三种：一是为社会培养更多的企业家，即创新创业教育满足受教育者成为企业家的需要；二是解决高校毕业生就业难的问题，即创新创业教育满足受教育者就业的需要；三是培养创新型人才，即创新创业教育满足受教育者成为创新型人才的需要。通过对这几个价值的分析和理解，培养企业家，是将创新创业教育仅仅作为企业家的速成班，具有即时性和单一性的特点；解决毕业生的就业问题，是基于目前我国市场经济体制的经济环境对人才的较高要求，以及高等教育大众化阶段毕业生增多，而引起的就业难问题而形成的。这一价值相对培养企业家而言具有阶段性和复合型的特点；从创新创业教育的实质来看，它包括创新教育和创业教育两个方面。这一概念是对以前创业教育概念的进一步延伸。相对创业教育的提法，创新创业教育增加了对受教育者创新素质的重视，使得创业教育不再拘泥于应对毕业生的就业等问题，更突出了高校的人才培养这一职能，且更针对培养具有创新精神、创新意识、创新思维和创新能力的创新型人才。由此，创新创业教育作为一种新的教育模式，其性质决定了其价值的长久性和整体性。根据创新创业教育各价值追求的特点，培养企业家、解决毕业生就业问题、培养创新型人才分别处于工具价值、功能价值和目的价值的地位。

我国高校创业教育出现及发展的最初驱动是国家扩大就业的发展战略，通过发展创业教育促进以创业带动就业。因此，长期以来社会上普遍存在着对创新创业教育的工具或功能价值的追求，导致我国创新创业教育对人才的培养仍主要表现在创业层面，而忽视了创新的价值。随着我国从建设人力资源大国到建设人力资源强国的重大战略转型，创新型国家建设、创新驱动发展战略以及经济结构调整等重大国家战略成为高校创业教育的一种新的驱动力量。在这一强劲力量的驱动下，应对创新创业教育的本质重新加以审视，明确其目的价值。通过培养创新型人才来推动创新型国家建设、实现创新驱动发展战略、带动经济结构调整等。同时，追求其目的价值也是创新创业教育作为一种新的高等教育形式，履行和反哺高等学校本质职能和基本使命的重要体现。另外，目前我国高等教育人才培养体制不能满足创新型人才培养的需求。虽然一些高校通过改革教学方法和教学组织形式等，探索创新型人才培养模式，取得一定成效，但也存在突出问题，面临深入发展的困境。而创新创业教育为创新型人才培养提供了新的方向。

因此，明确其目的价值，逐步实现由工具价值、功能价值向目的价值的成功转移，将创新创业教育融入高等教育人才培养体系，以创新创业教育带动高等教育体制的整体转型，将是全面推动创新型人才培养的有效途径。

三、创新创业教育：创新型人才培养的有效路径

创新创业教育从创新型人才培养的视角对教育理念、教育模式、教育方法等提出了新的要求。教育应把理论性与实践性、综合性与差异性贯穿其中，为教育发展及人才培养提供更多的选择性与创新性。

对此，创新创业教育作为一种素质教育、实践教育以及个性化教育，对于更新传统的人才培养理念，弥补传统人才培养模式的短板，丰富传统人才培养的方式方法，促进创新型人才培养具有重要的意义。

（一）创新创业教育是一种素质教育

在"大众创业、万众创新"的时代强音下，创新创业教育作为一种新的高等教育人才培养模式，已然成为素质教育的题中之义。在 2015 年 5 月国务院办公厅印发的《关于深化高等学校创新创业教育改革的实施意见》中提到，创新创业教育要主动适应经济发展新常态，以推进素质教育为主题，以提高人才培养质量为核心，以创新人才培养机制为重点。就整个大学生创新创业生态系统和过程而言，可分为三个阶段，创新创业教育是前期准备阶段，随后的创新创业服务是中间过程阶段，最终的创业成功率则是产出结果阶段。第一阶段的创新创业教育是大学生在校期间的教育，更多表现为一种面向全体学生的"通识型"教育，以及针对不同专业学生的"嵌入型"教育。也正是通过创新创业教育与专业教育的有效融合，来促进学生创新素质的培养。因此，创新创业教育作为一种素质教育，体现为该教育体系要面向全体学生，融入人才培养全过程，注重培养学生的创新意识、创新思维与创新能力，从而实现以创新带动创业、以创业带动就业的教育目的。而目前我国高校创新创业教育在一定程度上忽视了其素质教育的功能，将创新创业教育与专业教育隔离开来，仅仅将其视为促进学生创办企业的创业型教育。因此，要想通过创新创业教育实现产业升级、缓解就业难的问题，不能将其目光仅仅局限在学生的创业率与成功率或生产某种技术产品上，而应该注重创新创业教育与专业教育的结合，有效发挥其素质教育的功能，激发学习者的主体性与创造性。

（二）创新创业教育是一种实践教育

创新创业教育作为一种实践教育，不仅依托课堂教学，更注重鼓励学生付诸实践，帮助学生将学到的理论知识应用于社会实践当中，从而形成"学做结合"的全新人才培养模式。实践教育一般通过大学生创新创业训练计划，以及大学生创业园区、科技园区与校外实践教育基地等平台为学生提供创新创业实训教学体系。

创新创业教育作为一种实践教育，对激发并提高学生的创新意识与实践能力具有重要的意义。

首先，学生通过参加此类创新创业实践项目，能够将所学专业知识通过理论或实践的形式运用到自己感兴趣的项目中,一方面可以增强学生对所学专业的认同感,提高学习积极性;另一方面能够通过项目设计与操作提高学生的探究能力,激发学生的创新意识和创新思维;同时还能培养学生团队协作、无私奉献等综合素质。

其次,学生通过走出校园到各类实践基地或科技园区参加实习实训,一方面能够提高学生创新精神和实践能力;另一方面能使学生尽早接触工作环境,激发学习动力,增强学习的针对性。可以说,近年来我国政府和高校对创新创业教育进行了积极的实践探索,在各方面均呈现出良性的发展态势。但针对创新型人才培养而言,实践的有效性和广泛性与我国整个高等教育人才培养体系仍相形见绌。

(三)创新创业教育是一种个性化教育

创新创业教育作为一种个性化教育主要体现在两个方面。

首先,体现为以学校为主体的个性化。自从 2015 年李克强总理在政府工作报告中提出"大众创业、万众创新"以来,作为创新的动力源泉,各高校创新创业教育开展得如火如荼。不少高校先后组织教师开设创新创业教育课程、成立创新创业学院、组织学生参与创新创业训练计划,一时间创新创业教育成为各高校关注的热点,并且逐步向统一模式发展。但反观创新创业教育的内涵与本质,其重在培养学生创新创业的意识、思维和精神,重在帮助学生激发和实现自己的想法,从而实现创新型人才培养的目的。创新本身就是个性化的一种体现,正如芝加哥大学校长罗伯特·齐默所认为的,"看到和思考到他人忽略之处即是创新"。因此,各高校要结合自身所处的内外部环境,发现、思考并完善独特的创新创业生态,厚植个性、特色的创新创业文化,而不是通过模式化的教育禁锢学生的思想,使其产生严重的路径依赖,重回传统的教育模式。

其次,体现在以学生为主体的个性化。传统的高等教育人才培养模式对学生实行统一的课堂教学。但对学生而言,稳定的知识结构不能适应瞬息万变的就业环境对其知识与技能的需求。创新创业教育以项目或案例为依托,为学生提供了更多的实践机会和平台。学生通过参加此类创新创业实践项目或通过体验经典案例,能够将所学专业知识通过理论或实践的形式运用到自己感兴趣的项目中,将想法付诸行动。创新创业教育的开展有赖于学生主体的需要与行动,因此,其关键在于激发大学生内在的创新动力，将创业建立在创新的基础上。目前，高校大学生创新创业训练项目中创新的成分并不明显，创意及产品的同质化现象较为严重，这就是缺少创新思维与创新精神的体现。因此，创新创业教育应该充分了解和满足学生的个性化需要，加强学生的个性化辅导。基于个性化教育方式的创新创业教育更容易有效激发学生的创新思维，提高学生的创新素质与创新能力。

从创新创业教育与创新型人才培养的内涵与本质来看，创新创业教育是过程与途径，创新型人才培养是结果与目的，二者的本质意义与共同目的是一致的。培养创新型人才是高校开展创新创业教育的本质要求与目的价值，开展创新创业教育则是高校培养创新型人才的有效路径与根本保障。但是，从高等教育人才培养的视角分析，目前我国高校创新创业教育还存在很多不足，如：缺乏相应的学科支撑、缺乏专门的师资队伍、缺乏完善的课程体系、缺乏有效的校内外教育的联动机制等。有些高校仅仅是迎合创新创业教育的热潮，积极鼓励学生参加各种类型的创新创业竞赛，参与和开展了相应的项目和基地平台建设，建立了该教育体系的雏形，但并没有切实将其贯穿于人才培养全过程，还不能充分发挥对创新型人才培养的推动作用。因此，在知识经济全球化、我国产业经济转型升级、人工智能等信息化技术高速发展的今天，开展创新创业教育，培养创新型人才是我国高等教育面临的重要课题，也是我国高等教育今后改革发展的重难点与突破点。

第六章　高校创新创业教育的实践应用研究

第一节　高校创新创业教育平台搭建及应用

创新创业是民族振兴之魂、国家发展之根。创新创业教育包括创新创业意识、知识、能力和品质等教育。开展创新创业教育，培养大学生的创新意识、创新精神和创业能力，是创新型国家建设的需要，是时代、经济和社会发展的需要，是高等院校教育改革的需要，是提高大学生持续发展能力和社会适应能力的需要。

一、搭建创新创业教育平台

（一）搭建大学生创新创业教育实战平台

鉴于一些高校创新创业教育重视理论教学、轻视实践训练，创新创业实战平台不完备，高校应整合校内、外优质资源，建立协同发展、协同育人的创新创业实践体系，搭建创新创业基础平台、实训平台和孵化平台等，适时成立创新创业学院。

加强基础平台建设，加大资金投入力度，增加基础训练项目，依托学校大学生创新创业基地、二级学院实验室、大学生创新工作室和校企合作平台，在专业教师的指导下开展创新创业活动，积极组织和鼓励学生参加国内外各级各类大学生科技竞赛、职业技能竞赛和创新创业竞赛，以赛促教、以赛促学、以赛促训。搭建创新创业实战平台，依托学校"创客空间"进行创客训练，参与创客项目，提升大学生创新创业能力；推进创新创业成果孵化，依托大学科技园、成果转移中心，学生注册公司，进行实战营销和实体运营，建立校企、校校以及校地合作的孵化模式。通过开展大学生创新创业活动，充分挖掘大学生潜能，提升大学生创新创业能力。

（二）大学生创新创业教育课程体系建设

目前高等院校主要采取课外创新学分法鼓励学生创新创业，学生通过考取相关证书、参加科技竞赛等获取创新创业学分。但由于创新创业课程开设少、课程覆盖面不广、课程教学质量差、实践性不强，创新创业教育课程不成体系，未能取得实质性成效。

高等院校应该及时修订人才培养方案，将创新创业基础课、拓展课和实践课融入人才培养全过程。创新创业课程要突出有效性、前瞻性和系统性，要以需求为导向，实现课上和课下、线上和线下、理论与实践相结合，以获取更好的教学成效；要做好创新创业教育基础课、拓展课和实践课等模块化设计，及时将行业动态和最新发展成果融入课堂教学。创新创业基础教育要面向学校全体学生，开设必修课和选修课，使学生掌握创新创业的基本知识和途径，培养学生具备创新创业的基本素质。创新创业拓展课实施阶段，应结合专业，面向对创业兴趣浓厚的学生开设选修课，将创新创业理论与实践相结合，开展创新创业实战活动；创新创业实践课实施阶段，要面向创新创业能力强的学生开设创新创业实践课，进行个性化培育。人才培养方案应将学生参与创新创业活动和取得的成果计入综合教育学分。

（三）创新创业教育的师资队伍建设

目前高等院校创新创业专职教师教学经验较少、数量不足，创新创业意识也较为薄弱，很难组建创新创业教学团队；专职教师创新创业理论基础不扎实，缺少实践经验，教学过程中缺少鲜明的案例，倾向于宏观理论说教，难以激发学生创新创业热情。

培育创新创业教育专职教师队伍。由具备扎实的创新创业理论基础、创新创业实践经验、高度的责任心和热情的教师组建创新创业教育团队，学院加大团队建设投入力度，安排专职教师参加各类创新创业教育师资培训，提高教师的创新创业指导能力；安排创新创业指导教师到国内大型知名企业挂职实践，认真参与企业生产活动，积累创新创业实践经验。

培育创新创业教育兼职教师队伍。创新创业教育涉及管理学、经济学、法律学、心理学、伦理学等多个学科，社会兼职教师参与通识类课程教学，对大学生进行个性化指导；聘请创业成功人士、知名企业家、行业企业高管和技术人员担任学校大学生创新创业教育兼职教师，介绍经典案例、企业文化、企业资金管理模式以及如何规避创新创业风险等。

（四）构建大学生创新创业教育质量保障体系

部分高校建立的大学科技园、大学生创新创业基地、众创空间和创业孵化基地等缺少基本设施，在政策、公司注册管理、成果交易、技术培训和法律咨询等方面服务不到位，学校、企业和政府之间权责不清，高校、企业和政府尚未形成协同育人机制，亟须构建大学生创新创业教育质量保障体系。

以技术创新和研发为目标，搭建创业平台；以需求为导向，培育创新创业项目，建立高校、企业和政府之间能够良性互动的创新创业教育体系。

搭建创新创业教育服务平台，完善创新创业服务体系，为大学生创新创业提供技术咨询、项目申报、企业注册、资源对接、法律咨询、活动交流和政企协调等服务，激发大学生创业热情，实现大学生科技竞赛成果、创新创业训练项目和研发成果与社会投资对接。政府对创业孵化基地进行奖励，引导社会资金投入，对大学生初创企业给予一定的补贴等，创造条件促进大学生创新创业成果的有效转化。

建立创新创业教育激励机制。对大学生创新创业项目做前期调研和可行性分析，为有市场前景、能产生社会效益的项目提供支持；对指导教师和项目组成员给予一定奖励。

二、大学生创新创业教育成效分析

学校合理规划和搭建校内实践教学平台和校外实训基地，开展工作室制教学模式，为学生创新创业训练提供必要的仪器设备和训练场所。指导教师参加创新创业教育，到企业挂职锻炼、到国内名校做访问学者、到国内名校学习培训，加强大学生创新创业团队导师队伍建设。通过举办讲座、论坛，学生参加各级各类学科竞赛，进行创新创业经验交流、成果展示，营造良好的创新创业氛围。完善创新创业训练模式，充分利用企业资源，创新创业型项目驱动，形成良好的工作学习环境，加强创新创业训练导师队伍建设。建立创新创业教育质量保障、信息反馈与激励机制，将大学生创新创业教育纳入本科教学考核体系。通过政府支持、企业支持和学校自身改革，政府、企业和高校联动构建大学生创业服务体系。创新创业教育是新形势下教学改革的积极尝试，需要不断探索与实践加以完善优化。

第二节 大学生项目参与式创新创业教育模式的应用

当前，大学生的就业压力越来越大。高校毕业生存在着就业能力不足的问题，集中体现在就业观念落后、心态不端以及求职能力匮乏等方面。解决这方面的问题，就需要以创新创业教育来改进大学生的就业能力。

参与式教学法属于国际上比较流行的一种强调教学培训的方法，是由英国的社会学家总结发展起来，并且在教育领域应用日益广泛。参与式教学的过程当中，学生往往受教学目标的明确指导，在宽容的环境当中，用合理方法来创造性融入各个教学环节，充分发挥创新意识并且提高自身的能力。

一、大学生项目参与式创新创业教育的特点

（一）参与式教学有着全面性的特点

传统的教学方法片面强调教学效果，忽视教学环节当中学生是否投入以及学习意愿是否得到激发。在这一背景下，学生往往被动接受知识，难以实现人才培养的目的。参与式教学强调合作学习以及探究学习等师生互动的内容，有利于激发学生的学习动力，让学生可以真实参与到各项教学活动当中，在知识、心理以及能力等方面的培养当中实现自身水平的全面改进。

（二）参与式教学有着主体性的特点

传统课堂教学主要强调教师的教，但是忽视学生学习的过程，从而给教学效果带来不良影响。参与式教学高度重视素质教育，强调学生的主体地位，教师主要发挥引导作用，从而在和谐的互动中有效实施教学计划。

（三）参与式教学有着合作性的特点

通常情况下，参与式教学强调合作模式，借助小组活动来实现信息沟通与交流。学生在合作的过程当中一方面可以得到更多知识从而拓展自身的视野，另一方面能够深切体会到合作以及竞争的价值，为日后踏入社会做准备。

（四）参与式教学有着开放性的特点

参与式教学引导学生们去主动拓展思路，发挥他们的创新意识，并且积极深入教学活动的各个环节。因此无论教学环境的布置还是教学内容的设计，教师都需要遵循开放性的原则。只有这样才能够培养他们的发散思维，健全他们的知识结构。

二、大学生项目参与式创新创业教育面临的问题

（一）大学生综合素质水平不一

当前，项目参与式创新创业教育面临各种问题的首要原因是大学生综合素质水平不一，专业水平及综合能力等方面无法满足创业的基本要求。大学生现今所接受的应试教育与就业所需较高综合素质之间的矛盾越来越明显，大学生只掌握理论知识，缺少实践经验，无法真正将所学知识应用到创业中，造成最终失败。

（二）大学生缺乏创业实践性

大学生项目参与式创新创业教育中缺乏创业方向引导，实践性较差，创业是一项艰巨并且严谨的工作，应该在各个方面制订科学合理的计划及方案，一旦缺少正确的创业引导，就会导致创业失败。在大学生实际创业过程中，因缺少这种正确的方向引导而失败的例子也应该引起相关部门的重视，综合分析并借鉴这些例子，减少后续工作中出现类似问题。

（三）大学生社会经验不足

由于大学生自身人脉及社会阅历较少，无法全面、理智分析当前局势，大学生创业是一种全面素质的综合考验，对于刚刚走出校园欠缺经验及眼光的大学生而言，社会事务处理能力不足，应试教育使大学生多注重课本内容，缺少实践能力，社会经验欠缺，创业中遇到问题无法找到全面合理的解决方法。

（四）缺少资金及政策扶持

大学生创业需要大量资金支持，资金不足导致大学生创业过程困难重重，刚刚走出校门的大学生并没有雄厚的资金作为创业基础，导致许多有想法的大学生创业之路起步艰难。

三、大学生项目参与式创新创业教育模式的应用

（一）激发学生创业热情

项目参与式教学同传统的教学模式有着很大的区别，主要通过实践式、讨论式以及竞赛式等不同的模式来进行教学，创设活泼轻松的课堂气氛，来实现理论以及实践之间的完美融合。在大学生的创新创业教育过程当中，应用参与式的教学策略，能够有效激发他们创业的热情，在聆听以及反思的过程当中，得到心灵感悟。例如，教师在教学开展的过程当中可以考虑进行商业计划书方面的竞赛，让学生在分享的同时共鸣。学生在聆听以及演讲的过程当中往往会受益匪浅，在对未来的展望当中坚定创业信念，借助汲取知识以及改进能力，为创业梦想的实现做好准备。

（二）营造生动课堂环境

为了可以凸显大学生创新创业教育应有的实践性特色，教师需要积极应用项目参与式教学方法，营造生动的课堂环境，彻底改变教师灌输以及学生接受的教学模式。项目参与式教学能够转变课堂为中心的教学现状，更加注重实践知识，鼓励学生走出课堂，从而在实践过程当中发现新知以及掌握新知。比如教师在教学环节应当组织学生去采访创业成功的人员，通过分析创业成本、创业背景、创业规划还有企业特征等，让他们清楚认识创业的过程，主动发现创业的商机。这样一来就能够丰富课堂形式，可以充分调动他们的学习热情，在求知欲以及好奇心的驱动下持续改进理论认知水平，为日后创业的实践奠定良好的基础。

参与式教学法是协作教学的一种，在大学生的创新创业教育应用过程当中，能够有效强化教师以及学生之间的交流，在持续获得信息反馈的过程当中不断改进学生对创业教育知识的体会，从而不断提高他们的创业能力。

第三节　激励机制在高校创新创业教育中的应用

新的发展时期，大学生是我国创新创业发展的重要群体，在大学生创新创业教育发展中，激励机制作为重要的工作方法，能有效提升学生的创新创业素养，提升大学生的创业能力，从而为大学生创造更为广阔的发展空间，在此背景下，要积极采取有效措施，多方面培养学生的创新和创业能力。

创新创业是一种新的教育理念，主要是将教育发展、教育研究和商业训练等结合，培养学生的创新创业意识，最终促进教育的创新发展和人才质量的提升。大众创业、万众创新是新时期我国高等学校创新创业教育改革发展的新动力。创新创业教育是培养大学生创新精神的重要途径，大学生掌握着丰富的理论知识，同时拥有良好的教育资源，肩负着全民创新发展的重任。作为创新创业发展的重要群体，大学生备受社会的关注，因此，对高校和学生来讲，要充分把握住当前的政策和市场环境，了解创新创业教育的发展市场，积极为学生创建良好的就业环境，构建大学生激励机制，并发挥激励机制的作用，推动学生创新能力和创业能力的提升。

一、大学生创新创业教育激励机制的应用原则

（一）激励机制的对象应该是全体大学生

激励机制开展的目的，主要是增强学生创新和创业学习的能力，从而提高高校教育教学改革发展的质量，这就要求激励机制必须面向全体大学生，让师生能从中得到提升和发展，在具体的实施中，要结合教育发展的理念，重视创新创业实践中学生的主体地位，增强学生的参与度。因此，创新创业教育不能单单理解为是针对精英学生展开的，需要同等对待所有大学生，为所有学生创造良好的发展平台，只

要学生对创业发展有兴趣，学校都要进行支持，鼓励学生大胆尝试。

（二）遵循大学生专业教育应用的激励机制

高校创新创业激励机制的应用，需要结合高校的实际发展和学生的实际情况，这里需要考虑的是学生的专业、学习的环境及个性特点等。创业创新发展与学生的专业知识学习有很大的联系，其开展也需要立足学生的专业应用来设置相应的教学方法，因此需要高校教师加深学生对专业的认识，以专业为基础，结合实际情况开展对教育教学活动的研究，从而找出其中的问题，积极拓展新的领域，帮助学生找到适合自己的创业创新发展道路。

当前大学生创业活动比较普遍，只有具有独特性的创业活动才能占领市场并取得成功，因此，教师需要鼓励学生结合专业知识，激发学生的创业热情，针对学生的实际行为进行有效的指导，并协助学生对其创业项目进行考察，给出建设性的意见和建议。

二、当前大学生创新创业激励机制问题分析

（一）创新创业意识不足

当前，面对激烈的市场竞争，很多大学生的就业观仍然是以找到稳定的工作为主，很多学生忽视了创新创业教育的重要性，再加上家庭、社会、自身观念等多方面因素的影响，影响到学生的创新创业意识，导致创业的主观意识不足。

（二）创新创业活动的技术含量较低，成功率低

根据调查显示，当前很多大学生的创业活动都是家教、零售等一些技术含量比较低的行业，而像软件等高新技术行业的创业率较低。此外，高校中参与过创新创业活动的大学生只占一小部分，忽视了将创新创业发展上升到长远的培养方案，导致很多创新创业成果转化率较低。

（三）高校创新创业教育管理工作缺乏深入

调查分析，我国很多高校的创新创业教育工作都只是停留在表面，在政策的响应下进行的表面探究，没有专门的部门进行就业指导，也没有专门的创新创业教育研究部门，对该项工作的参与度和重视度不够，最终导致创新教育与学生的专业课程教学实践的联系比较少，无法推动创新创业教育的持续发展。此外，很多创新创业教育的发展没有与经济发展结合，不论是内容还是形式上都比较零散，难以推动学生专业能力的提升。

分析当前出现这些现象的原因，一方面是因为从当前的发展来看，高校缺乏创业教育的理念，对创新创业教育缺乏深入的认识；另一方面，高校创新创业教育的氛围不足，受传统教育观念的影响，从整个社会发展环境及高校的发展环境来看，对大学生创新创业的认识缺乏足够的认可。此外，高校缺乏完整的创新创业教育体系，不论是课程体系的建设还是专业教育的发展，都缺乏完善的教育体系的构建，无法满足新时期学生创业的需要，如从资金支持、师资力量等方面，都无法为创业者提供足够的支持。在这种环境下，缺少了创新创业激励机制的支撑，影响到学校创新创业教育活动的开展，因此，高校必须重视结合实际发展，重视建立完善的激励机制。

三、大学生创新创业激励机制构建的对策

"大众创业、万众创新"的形势下，高校也要重视激励机制的重要作用，积极构建激励机制，为学生的创新创业发展提供重要的资源。也就是要运用奖惩结合的方式，因材施教，将实践教育与学生创新精神的培养相结合。

（一）为大学生创新创业提供充足的援助基金

创新创业基金是重要的激励机制，奖学金的设置也是为了推动创新创业工作的开展，因此必须保证平等发放奖学金。奖学金的评判标准，除了考虑大学生的课程成绩，还要看重学生的创新创业成果，要从多个方面综合评价学生的能力，如果一

个学生的成绩不太理想，但是创新创业方面取得的成绩不错，也应当给予学生奖学金进行鼓励，作为其在创新创业方面取得成绩的奖励。目前国家重视教育方面的投入，国家奖学金的数额比较大，很多高校主要是根据学生的成绩和家庭条件进行判定，这种方式主要考虑的是优先照顾贫困生，但是也要考虑到创新创业能力比较强的学生，因此，要不断完善奖学金发放制度。还可以与企业进行合作，引入企业奖学金，更好地利用社会资源帮助学生开展创新创业活动，不断完善激励机制。

（二）完善大学生创新创业实践锻炼的激励机制

激励机制的设定，除了奖学金之外，还应该根据实际情况，制定有利于大学生创新创业实践锻炼的激励机制，激发学生参与创新活动的兴趣。因此，需要重视理论与实践的结合，更好地推动教学质量的提升。要做好这一工作，其前提是要重视创新创业实践积累，鼓励学生在实习或者实训中积累经验，不断完善管理实践课程。具体的实训过程中，可以采用分组学习的方式，将学生分为多个小组，每个小组提出自身的想法，为创业活动做好准备工作，并进行企业的模拟发展和运行，让学生做好资金的规划，并对具体的创业项目进行科学的分析，了解其可行性，从而更好地创建良好的创新创业工作环境。

（三）加强做好创新创业教育宣传工作

高校教育教学实践中，需要将创业和创新发展作为重要的方面。新的发展时期，可以借助现代信息技术和新媒体宣传手段开展创新创业宣传工作，可以借助校园广播、网络平台等宣传国家对大学生创业的优惠政策，宣传社会和经济发展的现状；也可以对一些典型的创业成功案例等进行报道，使大学生的创新创业工作成为学生的共识，为创新创业教育的开展创建良好的环境。

四、激励机制在大学生创新创业教育中的应用效能分析

我国近些年来激励机制的建设与实施，大学生在近些年的创新创业教育中也取

得了一定成效。

（一）以训促学，推动校园创业的热潮

近些年，在很多高校的大力支持下，很多学校也积极开设创业班，培养出了很多优秀的人才，创业班根据学生的兴趣，通过自我报名或者是测试选拔等，通过体能训练、素质拓展等，让学生系统化地掌握创业的基本知识，让学生加强对创业的了解，并通过体验创业、模拟创业等，引导学生到企业中参观考察，不断激发学生的创业热情。创业班的出现也取得了一定的成就，得到了一定程度的推广。

（二）以赛促学等创业大赛的推进

当前社会和企业、学校也积极响应国家政策，举行了多种类型的大学生项目大赛，很多学校也认识到了以赛促学、以赛促教的重要性，鼓励大学生积极参与各类创新创业竞赛，通过比赛找到自身知识的缺陷，还有很多学生在大赛中培养出了对创新创业的兴趣。

（三）校企合作推进发展初见成效

目前，高校积极加强与企业联合办学，推动大学生创新创业教育，在政府、企业和高校的带动下发挥各自的作用，重视学生的主体地位，引导学生培养自己的创新精神和创业意识。在校企合作办学模式下，一定程度上提升了学生的实践能力，促进了创新创业活动的进步。

新的发展时期，在"大众创业、万众创新"的形势下，高校也要重视激励机制的作用，认识到在大学生创新创业活动中激励机制建设的意义。目前激励机制在大学生创新创业的发展应用中取得了一定的成绩，但是也存在一些问题。未来的发展中，高校要革新理念，加强对创新创业的认识，加大宣传的力度，营造浓厚的氛围，普及创新创业精神，发挥激励机制在高校创新创业发展中的作用。

第四节 "微媒体"的高校创新创业课程
教学模式与应用

基于"微媒体"的大学生创新创业课程是一种围绕着学生创新创业这个主题，在课堂学习、研究性学习或社会创新创业课程活动中通过"微媒体"开展的具有一定教育目的和科普意义的综合性、群体性创新创业课程活动。基于"微媒体"的大学生创新创业课程是按照高校的培养目标，有组织、有计划、有目的地引导大学生深入实际、深入社会、深入生活，开展创新与创业，这是培养大学生创新思维、创业精神、创业能力的最好途径。

一、大学生创新创业课程教学改革的重要性

了解大学生开展和参与创新创业课程的情况，把握大学生创新创业课程的方向，总结培养创新型人才的经验。探索创新大学生人才培养模式。这对推进高校创新型人才培养工程，乃至社会主义事业合格建设者与可靠接班人的培养都具有重要的现实意义和深远的历史意义。

基于"微媒体"的大学生创新创业课程在繁荣校园文化、培养创新型人才，推动技术创新等方面日益发挥着重要作用。大学生创新创业教育要立足现状，掌握基于"微媒体"的大学生创新创业课程规律；把握特征。拓展创新创业课程教育内涵：着眼未来，创新基于"微媒体"的大学生创新创业课程内容与载体；完善机制，构建新的教育教学模式；提升功能，建立稳定的多元合作模式。

二、"微媒体"大学生创新创业课程教学的基本原则

其一，以服务社会为主旨。教育理念决定基于"微媒体"的大学生创新创业课程的方向和态势，对基于"微媒体"的大学生创新创业课程其他要素起着制约和引导作用。要以理念为先导，带动和促进大学生创新创业课程内容、创新创业课程方法的全面创新。大学生创新创业课程意识由"信念"和"意志"向"行为习惯"转化，不再满足于单一的生产劳动创新创业课程形式，不断寻求由"感知"到"参与"创新创业课程，再到在服务社会的过程中增强责任意识和奉献行为，力求适应社会需求，为社会经济服务。

其二，拓展创新创业课程教育内涵。通过生动鲜活的基于"微媒体"的大学生创新创业课程不断发展和提升育人理念。大学生创新创业课程的理念回应着时代的诉求、凸显着时代的特征，在不断创新中焕发着生机和活力。大学生创新创业课程要解放思想、实事求是、与时俱进，用时代的要求审视面临的新形势和新任务。并相应地进行改革和创新，不断丰富和完善，达到教育效果，实现教育目标。以鲜明的问题意识、突出的主体意识、深层的学科整合为切入点，推动基于"微媒体"的大学生创新创业课程的创新发展。是准确把握基于"微媒体"的大学生创新创业课程时代特征的关键所在。立足于创新创业课程中出现的崭新课题和遇到的重大问题，特别是要立足于现代科学技术产生、发展、变化的实际，积极探索育人范式的转变，不断在与时俱进中进行创新。基于"微媒体"的大学生创新创业课程的理念要不断创新，赋予新的时代内涵，并将它们作为构成现代教育体系的重要组成部分。

三、大学生创新创业课程教学的实施途径

其一，全方位引导和管理。创新创业课程活动载体。把握新时期基于"微媒体"的大学生创新创业课程规律，创设与完善活动载体。把学得的知识用于创新创业课程，在创新创业课程中继续学习提高。在基于"微媒体"的大学生创新创业课程中，大学生广泛参与其中，他们的兴趣、爱好以及相关能力得到充分发展。活动有助于

大学生道德认知与判断能力的形成；有助于大学生探索精神、自主意识与协作精神的培养；有助于大学生同辈伙伴之间的互动互助，推动个体的健康成长。

把握大学生发展规律，促进基于"微媒体"的大学生创新创业课程顺利开展。在建立大学生创新创业节、大学生创新创业课程基地、大学生创新创业课程基金的同时，还必须从大学生凸显自我、务实理性、喜欢冒险、张扬个性等个性诉求出发，创新基于"微媒体"的大学生创新创业课程的载体，丰富基于"微媒体"的大学生创新创业课程的内容，使得基于"微媒体"的大学生创新创业课程能够把握时代脉搏。传统大学生创新创业节一般以普及科学知识、培养科学兴趣、交流科研心得为目的，以创新创业讲座与创新创业沙龙、校园创新创业竞赛等为基本形式，这种活动形式虽然可以做到规模化、制度化和长期性，但往往大学生参与度不高。

大学生创新创业社团是大学生创新创业课程的重要载体，是第一课堂的补充和延伸，是大学生自我管理、自我教育和自我服务的重要平台。创新创业型大学生社团的兴趣性和专业性可以寓教于乐。激烈的思想交锋、精彩的创新创业争辩往往能够催生更多更好的创新创业成果。而社团的结成多数是因为有共同的兴趣爱好。加上相对自由松散的管理环境，为越来越多的大学生所接受。大学生社团活动改变了课堂教学形式上的主客体关系，使大学生变被动为主动，有益于大学生通过广泛的渠道来锻炼才干、增长知识、活跃思想、启迪思维、调节情绪、发展个性、实现价值，促进全面素质的提高。因此，加强对大学生社团的引导和管理，是创新大学生创新创业课程载体形式的有益探索和一个发展方向。

其二，革新教育教学方法，完善组织实施体系。深化高等教育改革，构建新的教育教学模式是基于"微媒体"的大学生创新创业课程长远发展的必然选择。切实改革教学模式，处理好第一课堂和第二课堂关系。把大学生创新创业课程纳入正常的教学轨道，作为培养学生创新素质的主要环节。高校应调整课程体系，压缩理论教学的学时数，要求教师在教学中更多地给学生传授新知识、新信息、新技术，培养学生发现问题、分析问题和解决问题的能力，做到素质的培养与课堂教学紧密结合。通过"隐形课程"和各种创新创业活动，发挥和提高大学生的想象力与创造力，培养和完善大学生的综合素质。

切实做好教师的指导工作，建立基于"微媒体"的大学生创新创业课程指导专家库。调查结果显示 39%的大学生认为参与基于"微媒体"的大学生创新创业课程遇到最大的困难是无人指导，在被调查的选项中排第一位。不少大学生因为找不到指导老师，事先准备的作品要么无法应用，要么只能找到"挂名"指导老师。教学质量不高。高校应由大学生院、教学处、校团委、学工处、科研处、人事处、财务处等多部门配合建立基于"微媒体"的大学生创新创业课程指导专家库，制定和完善大学生创新创业课程指导老师聘任办法和奖励办法，配套相应的项目基金，从政策、物质等方面保证专家的积极性，保证指导工作的连续性和科学性。

完善组织实施体系，发挥各部门的联动作用。具体而言，建立由大学生院、教务处、科研处、学工处与校团委组成的组织实施体系。

首先，教务处通过计算教学工作量、教学奖评定、职称评定等措施调动教师积极性，吸引更多老师支持、参与基于"微媒体"的大学生创新创业课程，把大学生参与创新创业活动情况纳入考察范围。

其次，科研处列出各学科前沿选题指南，引导教师、大学生课外科研选题紧扣创新创业前沿，使科研活动符合创新创业发展需求，解决现实问题；运用科研网络项目管理系统对大学生创新创业课程项目进行管理，包括立项申报、成果提交、作品评审等工作。

再次，大学生院、学工处和校团委科学组织、广泛动员，精心设计组织好定期的创新创业活动和基于"微媒体"的大学生创新创业课程，搭建创新服务平台，突出大学生的主动性，推动创新创业活动蓬勃发展，促进大学生综合素质的全面提高。

其三，整合各种资源，建立多元合作培育模式。建立多样化合作培育模式，提升基于"微媒体"的大学生创新创业课程的教育功能是一项重要的、富于挑战性的工作。开展基于"微媒体"的大学生创新创业课程旨在培养大学生创新能力、提高大学生综合素质。为大学生更好地成长成才服务，为创新创业培养更多创新型人才。

立足大学生就业创业实际发展需要，整合各种资源。从开展基于"微媒体"的大学生创新创业课程的现状出发，高校进一步解放思想，创新工作内容和形式，适应大学生需求。增强基于"微媒体"的大学生创新创业课程的吸引力和凝聚力。实行"走出去，引进来"战略，广泛开展合作，通过多家企业共同参与的校企合作委员会模式，为大学生创新创业课程赢得稳定的技术支持，不断提升基于"微媒体"

的大学生创新创业课程功能。更好地服务于创新型社会建设。

基于"微媒体"的大学生创新创业课程可放眼政府关怀和企业的大力支持。校企合作委员会的建立、运行、充实过程是高校与企业、行业协会、政府部门等资源共享、联系对话的过程，从而使得各方利益获得最大满足，实现科学发展。就基本操作形式而言，一方面，建设校企大学生创新创业课程基地。通过合作委员会，学校与政府、企业一起在校内外共建企业大学生创新创业课程基地。通过实行会员制，支持和保证会员的创新创业工作，解决大学生从事创新创业活动的资金问题，为高校提供大学生创新创业活动专项资金支持。解决部分高校无力设立大学生创新创业科研专项基金难题；另一方面企业通过积极参与大学生创新创业课程，培养和宣传企业文化的同时，有效地降低大学生的就业成本，实现学生、学校和企业的共赢。

多方共同合作催生大学生兴趣社团。大学生兴趣社团特别是创新创业类型社团是基于"微媒体"的大学生创新创业课程中的重要组成部分，也是大学生创新创业课程成果的重要"生产商"。校企合作委员会利用组织优势和资源，组织有共同兴趣爱好的大学生与企业深入接触，使得大学生在与企业人员的交流和生产创新创业课程中，产生共同的目标、想法和创新灵感，从而结成社团或团队。这些社团、团队实际上就是企业管理和生产难题的攻关小组。从解决企业具体的生产和管理问题入手，找出解决方案和技术改进措施，从而引导创新要素向企业集聚，促进科研成果向现实生产力转化，推进国家创新体系建设，提升国家创新能力。

开发和运用创新创业资本，通过引导运用创新创业资本，提高大学生创新创业适应能力和生存能力。一方面加强大学生创新创业理论教育，对大学生和创新创业团队进行专题辅导，引导大学生正确对待和运用创新创业资本；另一方面高校要积极帮助大学生建立创新创业资本管理运行体系，为大学生创新创业科研活动搭建好平台，营造良好的外部环境。

第五节　设计思维在创新创业教育中的应用

高校作为创新创业人才培养的重要阵地，很多高校已在落实创新创业教育改革方面开始行动，不少学校开出了创新创业教育系列课程，部分学校甚至成立了独立的创业学院。

一、为何选择"设计思维"来引导创新创业教育

把"设计思维"这一套创造性解决问题的方法系统应用于创新创业教育不仅能开启全脑思维的模式，培养学生积极开放的心态，教给学生创新思考的工具和方法，提升学生的创新创业能力，还可促进创新创业的成果快速落地，从而实现"授人以鱼"和"授人以渔"兼得。

二、设计思维在创新创业教育中的应用

（一）用"设计思维五步法"指导项目实践

设计思维作为一种系统化的设计理念，不但可以用于产品和服务设计，还可用于社会创新和教育设计等多个领域。在实际使用过程中，设计思维会经历灵感、构思和实施三个空间。灵感是那些激发人们找寻解决方案的问题或机遇。构思是产生、发展和测试创意的过程。而实施则是将想法从项目阶段推向人们生活的路径。具体来说，设计思维包括"亲身观察""凝聚焦点""酝酿点子""原型制作"和"测试反馈"等五个重要步骤。

在创新创业教育实践中，学生可在老师的指导下按照设计思维的基本流程和方法，完成一个创新创业项目的设计，这个项目可以是一个产品、一种服务，也可以是一种创新的商业模式。

（二）组建跨学科的项目团队

成功的创新创业需要优势互补的团队。以设计思维为导向的创新创业教育，将来自不同专业的学生组成一个团队，针对某个实际问题做研究。来自不同专业的学生围绕设计项目展开研究和讨论，通过一次次的脑力激荡，寻求各种各样的创新解决方案。这种跨学科的交流不仅能拓展学生的知识面，完善其知识结构，塑造其立体化的思维方式，还能培养和提升学生的独立思考能力、团队协作能力、创新思维能力和创业实践能力等。

（三）创设开放式学习环境

以设计思维为导向的创新创业教育以互动式、体验式教学方式为主，强调以学生为主体的参与式教学。为充分调动学生学习的积极性和主动性，设计思维教育强调学习环境的重要性。通过周边环境的改变来激发师生的创新思维，获得新的灵感。

"设计思维"强调以人为中心的创新，在整个设计过程当中除了充分考虑消费者的需求以外，它还提倡设计师、商业人士和其他相关人员的共同参与。它强调通过同理心观察、彼此协作、快速学习、将想法视觉化以及快速概念原型化等方法的应用，最终形成创新的产品、服务或商业模式等。

（四）应用多元方法评价项目

首先，以设计思维为导向的创新创业教育要求学生团队从用户真实的需求出发，并致力于解决产业界、生活中实际存在的问题。

其次，在探索创意性的解决方案时要以最终的使用者、客户或顾客为中心。既要考虑产品的性能能满足用户需求，还要充分考虑产品成本和市场推广等问题，保证好的产品和服务能得到最终用户的认可并能实现商业盈利。

因此，以设计思维为导向的创业教育应该引导学生团队从发现用户需求和解决生活中的实际问题出发，在整个项目的开发过程中同时考虑"客户的真需求""技术的可行性"与"商业的可持续"，三者缺一不可。

三、设计思维对传统创业教育的影响和改变

（一）从"产品思维"到"用户思维"

"产品思维"，顾名思义是用产品的形态来满足用户需求的一种思维模式，最终的思维聚焦点在"物"上；"用户思维"是用心去满足用户需求的一种思维模式，最终的思维聚焦点在"人"上。虽然最终目的都是市场和利润，但因为思维聚焦点不同，所以现实着力点也会大不相同。

设计思维所提到的"以人为中心"就是典型的"用户思维"，强调的是利用移情来洞察用户的需求，创业者需要带着同理心去体验用户的工作或生活，然后又要走出用户的内心，用想象力去洞察和提炼问题。

因此，创新创业教育也需要从关注产品设计的工程思维上升到关注用户体验的用户思维。高校创新创业教育应该鼓励学生去体验生活，设身处地地站在用户的立场上找到生活中的问题，然后创造性地解决问题。

（二）从单兵作战到跨界合作

设计思维教育实践强调学生团队是创新的主体。近年来，国内外很多院校尝试将跨学科合作作为培养学生创新创业能力的重要方式，跨专业合作不但是校内合作，还包括校际合作和校企合作。这种独特的教育方式和实践模式，已被初步证明是培养创新创业人才和促进创新成果转化的重要方法。

设计思维坚持以人为中心，而不仅仅是技术或商业的角度出发探索创新方法。设计思维提倡吸纳不同背景的专业人士共同参与整个设计，如在消费者调研时会引入有社会学、心理学、商业和艺术背景的专业人士一起找到消费者真正的需求等。

（三）从关注计划转移到关注行动

将设计思维训练与创新创业课程相结合，学生通过"边做边学"，学习应用设计思维的流程和方法，完成一个创新创业项目原型的设计与开发。课程通过一系列行之有效、富含创新方法论的实践训练，让学生学习和实践创新产品设计的全过程，不仅可以培养学生的创新思维、创新能力，锻炼问题发掘、表述沟通、团队合作、时间管理、动手实践等多方面能力，还可使创新创业的成果直接落地。

四、从知识碎片化到教育集成化

创业是一项高度动态性的商业活动。"市场回应"是商业循环中的重要环节，创新、创意和创业是否被市场接受是检验创新创业教育是否成功的关键。让学生知道自己有了创业的想法后，如何让自己活下去，这才是创业教育。这些不仅牵涉技术，还涉及社会学、心理学、管理学等相关知识，而让学生具备这样的综合的能力，或者是能整合这些资源的能力，必须使原本碎片化的创新创业教育向集成化转变。

总的来说，创新创业教育更应该鼓励学生深入一线、体验生活，引导学生从关注产品设计上升到关注用户体验，设身处地地站在用户的立场上找到生活中的挑战和问题，通过创造性思维寻求解决问题的方案，并不断地在行动中去测试和完善我们的方案，最终为他人和社会创造价值。

参 考 文 献

[1]刘贵芹.深化高校创新创业教育改革进一步提高人才培养质量[J].中国高等教育，2016(21)：5-7.

[2]姜伟.论创业教育中教学实践化和评价的辩证统一[J].中国高等教育，2017(5)：47-50.

[3]罗朝辉.地方转型发展高校教学专业师资队伍建设的思考[J].大学教育，2016(6)：159-160.

[4]张文娣，颜玄洲.高校创新创业教育师资队伍建设存在的问题及对策分析[J].大学(研究版)，2016(6)：41-45.

[5]刘树春.高校创新创业教育师资建设的困境与突破[J].科技创业月刊，2017(16)：63-65.

[6]陈春晓.地方高校创业教育师资队伍建设的困境与机制创新[J].高等工程教育研究，2017(3)：170-173.

[7]宋明顺，孙卫红，赵春鱼，等.地方工科高校创新创业教育：困境与突破[J].中国大学教学，2017(12)：31-36.

[8]刘正安.我国高校创业教育师资队伍建设的现实困境与应对策略[J].科技创业月刊，2017(3)：71-73.

[9]王劲岐.高校创新创业教育师资队伍建设探析[J].高教学刊，2017(24)：35-37.

[10]李国强.创新创业教育师资队伍建设策略探析[J].黑龙江教育，2017(4)：52-54.

[11]焦新安，胡效亚，张清，等.地方综合性大学创新创业教育的思考与实践[J].中国大学教学，2017(5)：58-63.

[12]缪子梅.切实加强高校校内创业教育师资队伍建设[J].中国高等教育，2013(23)：32-34.

[13]张红梅.基于创新创业应用型人才培养的教师队伍建设[J].继续教育研究，2016(4)：21-23.

[14]高国平，钱俊.高校创新创业教育与专业教育互动融合中的师资队伍建设思考[J].科技创业月刊，2016(23)：51-52.

[15]刘彦军.高等教育综合改革背景下的创新创业教育模式探索[J].中国高校科技，2015(9)：82-85.

[16]张兄武，徐银香.探索构建分层递进式创业教育体系[J].中国高等教育，2016(19)：54-57.

[17]黄兆信.推动我国高校创新创业教育转型发展[J].中国高等教育，2017(7)：45-47.

[18]李亚奇，王涛，李辉.加强专业教师创新创业教育教学能力建设探析[J].创新与创业教育，2017(5)：122-125.

[19]李亚奇，王涛，李辉，等.新形势下能源动力类专业教师队伍面临的挑战及对策研究[J].高等工程教育研究，2017(增刊Ⅰ)：275-278.

[20]鄢显俊.课堂教学能力是高校教师的首要职业能力[J].中国大学教学，2016(3)：71-75.

[21]姜衍，孙潇宇，殷丹丹.浅谈高校创业双导师队伍建设[J].创新与创业教育，2017(5)：133-136.

[22]朱飞.协同学视阈下的高校多元协同创业教育研究[J].高等工程教育研究，2016(5)：39-43.